Der Nationalsozialismus

Die Zeit der NS-Herrschaft und ihre Bedeutung
für die deutsche Geschichte

Handreichungen für den Unterricht

Erarbeitet von Dr. Wolfgang Jäger

Cornelsen

Kurshefte Geschichte
Der Nationalsozialismus. Die Zeit der NS-Herrschaft und ihre Bedeutung
für die deutsche Geschichte

Handreichungen für den Unterricht

Die Handreichungen wurden erarbeitet von:
Dr. Wolfgang Jäger

Redaktion: Dr. Wolfgang Jäger, Dr. Christine Keitz
Umschlaggestaltung: Knut Waisznor (Umschlagbild: Jürgen Waller, Einige Stationen aus dem Leben
des Bürgermeisters a. D. von Bernau, Willy Dehnkamp, 1982)
Layout und technische Umsetzung: Gerd Sadzinski, Berlin

www.cornelsen.de

1. Auflage, 3. Druck 2007 / 06

© 2002 Cornelsen Verlag, Berlin

Druck: Druckhaus Berlin-Mitte

ISBN 978-3-464-64814-8

Gedruckt auf Recyclingpapier, hergestellt aus 100 % Altpapier.

Inhalt

Zur Gesamtkonzeption der Reihe
Kurshefte Geschichte

Die *Kurshefte Geschichte* sind thematisch orientierte Quellensammlungen für den Geschichtsunterricht in der Sekundarstufe II. Die Reihe legt bei der Themenwahl den Schwerpunkt auf epochenbezogene Längsschnitte und eignet sich für Grund- und Leistungskurse.

Im Zentrum der problemorientierten Kapitel stehen die umfangreichen Quellensammlungen. Gemeinsam mit den kurzen Darstellungstexten sowie den Sonderseiten „Themen und Methoden" und „Weiterführende Arbeitsanregungen" verstehen sie sich als Angebote für einen methoden-, handlungs- und gegenwartsorientierten Geschichtsunterricht in der Oberstufe.

Darüber hinaus wollen die *Kurshefte Geschichte* bei Schülerinnen und Schülern historisch-politische Interessen wecken und das selbstständige Arbeiten fördern. Aus diesem Grund gehört zu jedem Heft ein umfassender Serviceanhang, und das Internet wird an ausgewählten Stellen der Kapitel thematisch gezielt mit eingebunden.

Die *Titel der Reihe Kurshefte Geschichte* decken alle Zeiträume von der Antike bis zur Gegenwart ab und berücksichtigen regionale, nationale, europäische und außereuropäische Handlungs- und Kulturräume, z. B.:
• Demokratie in Athen
• Das Römische Reich: Politik und Alltag
• Das Mittelalter
• Europa und die Welt um 1500
• Revolutionen in Europa: 1789 – 1917 – 1989
• Industrielle Revolution und Moderne um 1900
• Die Weimarer Republik: Politik und Gesellschaft in Zeiten des Umbruchs
• Der Nationalsozialismus: Die Zeit der NS-Herrschaft und ihre Bedeutung
  für die deutsche Geschichte
• Europa im 20. Jahrhundert: Die europäische Einigungsbewegung
  und das Europa der Menschen- und Bürgerrechte
• China: Kaiserreich und Moderne
• Die islamische Welt und Europa
• Die Geschichte der USA

Hilfen für Lehrerinnen und Lehrer bieten die *Handreichungen für den Unterricht*. Sie erscheinen zu jedem Titel der Reihe und enthalten Erläuterungen und Tafelbilder zu allen Materialien eines Heftes.

Die Elemente der Kapitel und die Angebote der Serviceseiten im Schülerbuch

Darstellungen

Jedes Kapitel beginnt mit einer kurzen Darstellung, die in Probleme und Hintergründe des Kapitelthemas einführt.

Kästen „Hinweise zur Arbeit mit den Materialien"

Um Themenschwerpunkte gemeinsam mit dem Kurs festzulegen, gehen dem Materialteil „Hinweise zur Arbeit mit den Materialien" voraus. In den farbig unterlegten Kästen werden die Auswahl der Quellen erläutert, die Themen der Sonderseiten vorgestellt und Anregungen für Leitfragen, Methodenschwerpunkte und Partner- oder Gruppenarbeiten gegeben.

Materialteile

Die umfassenden Materialteile berücksichtigen geschichtliche Zeugnisse aller Art: autobiografische Texte, interne Protokolle, Reden, Gesetze, Zeitungsberichte, Karikaturen, Gemälde, Plakate, Skulpturen, Fotografien, Statistiken, Sekundärtexte. Einzeln oder thematisch gruppiert und durch Arbeitsaufträge verknüpft, können sie vertiefend, erweiternd oder kontrastierend eingesetzt werden; auch bieten sie Anregungen für ideologiekritische und theoriegeleitete Verfahrensweisen. Der Zugriff auf die verschiedenen Dimensionen der Geschichte – Politik, Gesellschaft, Wirtschaft, Kultur, Alltag, Umwelt, Geschlechterrollen – wird in den Kapiteln unterschiedlich gewichtet.

Sonderseiten „Themen und Methoden"

Unter der Rubrik „Themen und Methoden" werden auf den gelb umrandeten Seiten Materialien für die fachspezifische Methodenarbeit angeboten (Rubrik „Methoden") und interessante Zugriffsweisen vorgestellt, z. B. Fallanalysen u. a. (Rubrik „Themen").

„Weiterführende Arbeitsanregungen"

Die letzte Seite eines Kapitels (farbig unterlegt) setzt die Schwerpunkte bei der Handlungs- und Gegenwartsorientierung. Hier finden sich Anregungen für Hausarbeiten, Exkursionen, Internetrecherchen, fächerverbindende Themen, Projekte und Referate.

„Zur Wiederholung und Abiturvorbereitung"

Die erste Serviceseite des Anhangs bietet Arbeitsaufträge, die bei der Vorbereitung auf das schriftliche und mündliche Abitur helfen. Eine Probeklausur, die in einem der Kapitel als „Methodensonderseite" gestaltet ist, kann ergänzend hinzugezogen werden.

Facharbeiten

Zu der Frage „Wie und zu welchem Thema schreibe ich eine Facharbeit?" finden Schülerinnen und Schüler Tipps und Anregungen auf einer weiteren Extraseite im Serviceteil.

Zeittafel, Begriffslexikon, Personenlexikon, Sachregister

Um die Auseinandersetzung mit historischen Fachbegriffen und den Zugang zu Daten und biografischen Informationen zu erleichtern, enthält der Anhang eine Zeittafel, ein Begriffslexikon, ein Personenlexikon und ein Sachregister.

Fachliteratur, Internet-Hinweise und Hilfsmittel für Referate und Projekte

Ein methoden- und handlungsorientierter Unterricht bedarf der Stützung durch Print- und elektronische Medien. Hinweise und Tipps finden sich ebenfalls im Serviceteil.

Zur didaktischen Konzeption des Kursheftes „Der Nationalsozialismus – die Zeit der NS-Herrschaft und ihre Bedeutung für die deutsche Geschichte"

Problemaufriss

Zu Beginn des 21. Jahrhunderts liegt die Geschichte des Nationalsozialismus für Schülerinnen und Schüler mehr als ein halbes Jahrhundert zurück. Anders als die Generation ihrer Eltern und Großeltern fühlen sich die Jugendlichen trotz der Gräueltaten nicht mehr so unmittelbar wie noch z. B. die ‚'68er'-Generation von dieser Epoche betroffen. In den alten wie in den neuen Bundesländern nehmen Schülerinnen und Schüler nach der Wende 1989/90 gesellschaftliche Wirklichkeit nicht mehr als durch faschistische oder kommunistische Diktaturen bedroht wahr, sondern erleben Staat und Gesellschaft als eine weitgehend demokratisch gesicherte Industrie- und Mediengesellschaft. Gleichwohl sehen auch heutige Schüler, dass sie eingebunden sind in eine Vergangenheit, „die nicht vergehen will". Öffentliche Debatten um das Gedenken an die NS-Zeit, die Diskussion um den Einsatz deutscher Soldaten im Kosovo-Krieg, Deutschlandbilder im Ausland oder neonazistische Herausforderungen machen die Vergangenheit auch für Jugendliche zur Gegenwart.

Themenschwerpunkte

Aus den genannten Gründen wird das Thema des Kursheftes – wie im Untertitel angedeutet – nicht auf die Jahre 1933 bis 1945 reduziert, sondern in die deutsche Geschichte des 20. Jahrhunderts insgesamt eingebettet und an die Gegenwart und die Lebenswelt der Schüler herangeführt. Die Weimarer Republik und die Debatten um die weit zurückreichenden ideologischen Wurzeln werden ausführlich behandelt (Kap. 2). Das Gleiche gilt für die Auseinandersetzung mit der NS-Vergangenheit in beiden deutschen Staaten nach 1945 (Kap. 13) sowie für das Verhältnis von Deutschen und Polen im 20. Jahrhundert (Kap. 14). Ein Extrakapitel zur Bedeutung der Propaganda (Kap. 4) versucht das Eingebundensein der heutigen Schüler in moderne Medienwelten für die Beschäftigung mit dem Kursthema fruchtbar zu machen. Außerdem werden an zahlreichen Stellen sozial-, alltags- und geschlechterhistorische Perspektiven aufgegriffen; neben einzelnen, kontrastiv eingesetzten Materialien in den herrschaftsgeschichtlichen Abschnitten beschäftigen sich die Kapitel 6 bis 9 insgesamt mit verschiedenen sozialen Gruppen, Alltagswelten, Tätern und Opfern.

Zum Einsatz der Materialien in den einzelnen Kapiteln

Siehe dazu im Schülerbuch die Hinweise in den Kästen am Anfang der Materialteile.

Referatempfehlungen

Die Folgen der Weltwirtschaftskrise in Deutschland und den USA	S. 13, Aufgabe 12
Zu den historischen Wurzeln der NS-Ideologie im 19. Jahrhundert	S. 19
Deutsche Schriftsteller und Künstler nach der „Machtergreifung"	S. 24, Aufgabe 5
Reichsbankpräsident Schacht und die NS-Wirtschaftspolitik	S. 48, Aufgabe 10
„Adolf-Hitler-Schulen" und „Napolas"	S. 58 (zu M 8, S. 60 f.)
Die NS-Zeit im Spiegel von Frauenbiografien	S. 71

Facharbeiten

Tipps und Themen für Facharbeiten sind im Schülerband S. 148 abgedruckt.

Fachmethodische Schwerpunkte

Schriftlichen Quellen	S. 31	Als Einstieg besonders geeignet zusammen mit M 4 a und b, S. 24 f.
Der Umgang mit Karikaturen	S. 18	Als Vertiefung kann M 8, S. 15, vergleichend hinzugezogen werden.

Handlungsorientierte Angebote

Fächerverbindender Unterricht	Geschichte – Deutsch	S. 38–40
	Geschichte – Englisch	S. 99–101
	Geschichte – Kunst	S. 130, Aufgabe 7
Projekte	Methodische Hinweise	S. 83
	Der NS-Autobahnbau in der Presse	S. 54, Aufgabe 24
	Zwangsarbeiterentschädigung	S. 55
	Judenverfolgung „vor Ort"	S. 83
	NS-Medizin	S. 92
	Menschen im Widerstand	S. 123
Exkursionen	Methodische Hinweise	S. 35
	KZ-Gedenkstätten	S. 35
Interviews	Methodische Hinweise	S. 63
	Jugend in NS-Deutschland	S. 63
	Das Leben von Schwarzen heute	S. 91
	Deutsche und Polen heute	S. 146, Aufgabe 3

Verknüpfung der Kapitelmaterialien zu alternativen Unterrichtssequenzen

Der Nationalsozialismus im Spiegel autobiografischer Quellen:
Erinnerungen an den 30. Januar 1933: S. 23 f., M 3 a–c; Melitta Maschmann, Krystyna Zywulska, Marion Gräfin York von Warthenburg: S. 67–69, M 5 a–d; Victor Klemperer: S. 74, M 1, S. 109 f., M 10; Ruth Andreas-Friedrich: S. 80, M 12; Eichwald Rose: S. 87 f., M 6; Hans-Jürgen Massaquoi: S. 89–91; Willi Zahlbaum: S. 116, M 2; Vertriebene: S. 143, M 6.

Der „Faktor Hitler":
Als Einstieg: S. 17, M 10 b; Biografie Hitlers: S. 13 f., M 7; Sicht des Auslands: S. 9, M 1; „Mein Kampf": S. 15 f., M 9 a–e; S. 37, M 2; Legalitätstaktik: S. 10 f., M 3 a; S. 15, M 8; Einrahmungsversuch: S. 22, M 1 a; S. 23, M 2; Reden Hitlers ab 1933: S. 24, M 4 a; S. 26, M 5 b; S. 27 f., M 7 b–M 8; S. 76 f., M 5; S. 78, M 7; S. 96, M 2; interne Dokumente: S. 24 f., M 4 b, S. 47, M 5 a; S. 96 f., M 3; S. 106 f., M 2–M 5; Hitler-Mythos in Fotografien und Rundfunk: S. 7, M 2; S. 17, M 11; S. 36, M 1; S. 44, M 1; S. 54, M 18.

Die NS-Zeit in der historisch-politischen Diskussion:
Vorgeschichte und Aufstieg: 16, M 10 a, b; „Machtübertragung", „Machtergreifung" oder „Revolution"?: S. 30, M 12 a–c; NS und Modernisierung: S. 52 f., M 16 a, b; S. 54 f.; Das Wissen über den Holocaust: S. 81, M 13; S. 82, M 15 a, b; Widerstand: S. 120 f., M 7 c, M 9; NS-Medizin und Vergangenheitsbewältigung: S. 92; NS-Vergangenheit und die Kirchen: 131–133, M 6–7; Walser-Bubis-Debatte: S. 135 f., M 10 a–b; Goldhagen-Debatte: S. 137; Deutsche und Polen: S. 143–146; Kosovo-Krieg: S. 113.

Nationalsozialismus im Film:
Propaganda im Spielfilm: S. 42; Film-Tipp „Der Josef-Mengele-Thriller": S. 92.

Kapitel 1:
Einleitung: „Vergangenheit, die nicht vergehen will"

M 1, S. 5
In der KZ-Gedenkstätte Bergen Belsen,
Fotografie 1996

Das Foto zeigt Schülerinnen und Schüler beim Besuch der Gedenkstätte in Bergen-Belsen, die ca. 60 Kilometer nördlich von Hannover liegt. Die Gedenkstätte befindet sich auf dem Gelände des ehemaligen Kriegsgefangenen- und Konzentrationslagers.
Die Geschichte des Lagers begann mit der Einrichtung des Truppenübungsplatzes Bergen im Zuge der deutschen Aufrüstung. Ab 1936 befand sich hier ein Lager mit etwa 30 Baracken. Untergebracht waren rund 3000 deutsche und polnische Arbeiter, die zum Bau der Kasernen des Truppenlagers Belsen herangezogen wurden. Im Frühjahr 1941 begann die Wehrmacht mit der Einrichtung von Stalags („Kriegsgefangenen-Mannschafts-Stammlager") für den bevorstehenden Überfall auf die Sowjetunion; im Juli trafen die ersten Transporte ein. Bis zum Frühjahr 1942 waren in Bergen-Belsen ca. 18 000 sowjetische Kriegsgefangene verhungert, erfroren oder an Fleckfieber und anderen Krankheiten gestorben; im Mai 1942 lebten nur noch 2069 Gefangene.
Bis auf ein Kriegsgefangenen-Lazarett wurde das „Stalag" Bergen-Belsen im Frühjahr 1943 aufgelöst und ein Teil des Komplexes an die SS abgetreten, die dann im April 1943 durch KZ-Häftlinge Bauten für die Aufnahme von Juden und ein Krematorium errichten ließ. Eine der 15 257 Gefangenen, die sich am 2. Dezember 1944 im Lager Bergen-Belsen befanden, war Anne Frank.
Seit Ende 1944 wurden Zehntausende von Häftlingen von der SS aus frontnahen Konzentrationslagern ins Reichsinnere „evakuiert", viele davon nach Bergen-Belsen. Diese „Evakuierungen" waren gezielte Mordaktionen der SS: Viele Häftlinge starben schon auf dem Transport. Die katastrophalen Zustände im Lager selbst führten schließlich innerhalb weniger Monate zum Massensterben. Zwischen Anfang Januar und Mitte April 1945 starben etwa 35 000 Menschen. Die Bilder des Grauens, die sich den englischen Soldaten bei der Befreiung des Lagers am 15. April 1945 boten, gingen um die ganze Welt und wurden zu einem Symbol für die Gräuel des nationalsozialistischen Konzentrationslagersystems und für den Terror und die Verbrechen der NS-Zeit.

M 2, S. 7
Kundgebung der Hitlerjugend am
1. Mai 1939 im Berliner Olympiastadion,
Fotografie

Das Motiv zeigt eine der zahlreichen NS-Fest- und Feiertagsveranstaltungen (s. SB M11, S. 41). In seiner Aussage ist es mehrdeutig. Man könnte es einerseits als Beleg dafür sehen, dass dem Nationalsozialismus die totale Erfassung und Formierung der „Volksgemeinschaft" gelungen ist. Andererseits wäre aber zu fragen, ob und inwieweit das Foto nicht nur das Ergebnis einer bewussten propagandistischen Inszenierung des Führer-Mythos war. Das Foto könnte ferner als Beleg für die These von Hitlers „willigen Vollstreckern" dienen: Nicht die Einzelperson Hitler (klein im Hintergrund), sondern die Unterstützung des NS-Regimes durch die Masse der Bevölkerung (dominant im Vordergrund) hätte demnach das NS-Regime charakterisiert.

M 3, S. 7
Fotomontage von John Heartfield, 1932

Zur Person: John Heartfield wurde 1891 in Berlin geboren (eigentlicher Name: Helmut Herzfeld). Heartfield war Mitbegründer der Berliner Dada-Gruppe und entwickelte die Fotomontage zum politischen Agitationsmittel. Seine Montagen veröffentlichte er vor allem in der auflagenstarken kommunistischen „Arbeiter-Illustrierten-Zeitung". Politische Plakate entwarf er meist für die KPD. 1933 emigrierte Heartfield über Prag nach Großbritannien (1938). Ab 1950 lebte er in Leipzig, später in Ostberlin, wo er 1968 starb.
Zum Bild: Die Montage von Heartfield ist in seiner Aussage eindeutiger als M2: Der Nationalsozialismus ist demnach eine Diktatur des anonymen (die Geld gebende Figur wird ohne Kopf dargestellt) Finanzkapitals. Nicht die Deutschen waren Hitlers willige Vollstrecker, vielmehr Hitler der „willige Vollstrecker" des Finanzkapitals (Hitler wird wesentlich kleiner als die Geld gebende Figur abgebildet).

M 4, S. 7
Denkmal für die Frauen der Rosenstraße,
Fotografie, 1995

Hintergrundinformationen zum Protest der Frauen in der Rosenstraße s. SB M 12, S. 80 f.

Zum Bild: Das Denkmal, das sich in Berlin befindet, kann als Beleg für den Widerstand gegen das NS-Regime gedeutet werden. Offen bleibt allerdings, wie weit der Widerstand verbreitet war. Thematisiert werden kann an dieser Stelle bereits die Frage nach den Begriffen Resistenz, offener, passiver Widerstand usw. (vgl. dazu ausführlicher SB M 8, S. 121).

M5, S. 7
Plakat der NS-Freizeitorganisation „Kraft durch Freude", 1937

Bildunterschrift: „Auch Du kannst jetzt reisen! Besorge Dir noch heute eine Reisepostkarte der NSG [= nationalsozialistischen Gemeinschaft] ‚Kraft durch Freude'. Der KdF-Wart Deines Betriebes und folgende Stellen geben sie kostenlos aus: Bank der Deutschen Arbeit, alle öffentlichen Sparkassen, Genossenschaftskassen (DBV und Raiffeisen), Thüringische Staatsbank."

Hintergrundinformationen und interne Dokumente zu der NS-Freizeitorganisation „Kraft durch Freude" s. SB Kap. 5, S. 43 sowie S. 50, M 13 a – c.

Zum Bild: Das Plakat kann als Beleg für die Modernisierungstheorie dienen. Reisen als Ausdruck moderner Lebensweise wurde demnach erstmals durch die Nationalsozialisten ungeachtet der sozialen Schichtzugehörigkeit jedermann zugänglich („Auch Du kannst jetzt reisen" – d. h. jeder, der das Plakat betrachtet). Offen bleibt an dieser Stelle, ob und wie viele Menschen, insbesondere aus der untersten sozialen Schicht der Arbeiterschaft, tatsächlich gereist sind.

Didaktisch-methodischer Hinweis: Die Diskussion um den Begriff der Modernisierung kann an dieser Stelle nicht erschöpfend behandelt werden. Will der Kurs die Fragestellung vertiefen und ggf. aus der Diskussion um M 5 eine Leitfrage für die Kursarbeit ableiten, sollte die Begriffserläuterung aus dem Begriffslexikon (s. SB S. 153 sowie M 16 a und b, S. 52 f.) hinzugezogen werden.

Zu Aufgabe S. 6
Didaktisch-methodischer Hinweis: Die Bilder M 2 bis M 5, S. 7, können als Ausgangspunkt für die Hypothesenbildung herangezogen werden. Das Vorverständnis der Schüler sollte durch die Lektüre des Darstellungstextes vorstrukturiert werden.

Die Bilder sind in ihrer Aussagekraft nicht eindeutig und werden im Kurs Fragen und Probleme aufwerfen. Aus dieser Diskussion können Leitfragen hervorgehen, die schriftlich festgehalten und am Ende des Kurses erneut diskutiert werden sollten.

Im Unterrichtsgespräch kann auch das fachmethodische Problem der Quellengattungen (hier: Fotografien, Plakate, Denkmäler) und der jeweils unterschiedlichen Perspektiven angesprochen werden.

Notizen

Kapitel 2: Vorgeschichte und ideologische Grundlagen des Nationalsozialismus

Hinweise zur Arbeit mit den Materialien
Siehe den Kasten im Schülerband S. 10.

M 1, S. 9
„Un homme agité – Hitler", Seite aus der französischen Illustrierten „Vu", Nr. 213, 1932

Didaktisch-methodischer Hinweis: Die Zeitungsseite zeigt Stationen aus dem Leben Hitlers. Sie ist in Form einer Collage gestaltet und kann zur Einarbeitung in die Biografie Hitlers (zusammen mit SB M 7, S. 13 f.) genutzt oder im Rahmen der Vorgeschichte des Nationalsozialismus zur Vertiefung des „Faktors Hitler" herangezogen werden (s. Darstellungstext SB S. 10 oben sowie S. 17, M 10 b).

Zum Bild: Die Zeitungsseite stammt aus dem Jahr 1932 und wirft ein Schlaglicht auf die Wahrnehmung Hitlers im französischen Ausland wenige Wochen vor der „Machtergreifung". Inwieweit sie repräsentativ ist, muss offen bleiben. Betrachtet man zunächst nur die Einzelbilder, steht zwar der Politiker Hitler im Vordergrund (siehe die beiden dominanten Bilder auf der rechten Seite „Hitler als Redner" und „Hitler im Kreise seiner Anhänger"), eine eindeutige politische Bewertung Hitlers legt die Collage allerdings nicht nahe. In einen engeren Deutungszusammenhang wird die Bildfolge erst durch die Überschrift „Un homme agité – Hitler" gestellt. Das Adjektiv „agité" (das in der Bildlegende bewusst nicht übersetzt wurde; Schülerinnen und Schüler sollten mithilfe von Wörterbüchern selbstständig nach einer Übersetzung suchen) wird im Deutschen mit „bewegt" oder „stürmisch" übersetzt. Das Adjektiv steht in Verbindung mit Unwettern und Meeresstürmen und ist häufig in Radio- und TV-Wetterberichten zu hören. – Zieht mit Hitler ein politisches Unwetter herauf?

M 2, S. 10
Der Artikel 48 der Weimarer Reichsverfassung

Der Artikel kann als „autoritäre Einbruchstelle" in die Verfassung betrachtet werden. Die Hauptargumente:
- Recht des Reichspräsidenten zur Waffengewalt gegen die Länder;
- Möglichkeit, die Grundrechte außer Kraft zu setzen.

Eigentlich waren dem Artikel 48 durch die Absätze drei und vier „Zügel" angelegt worden, der Reichstag hat aber diese Möglichkeiten in der politischen Praxis der Jahre 1930–1933 nicht angewandt.

Der Hinweis auf die Zahl der Notverordnungen im Nachtext zur Quelle relativiert die o. g. These. Die Notverordnungspraxis der Jahre 1919–1924, die sich von der der Jahre 1930 bis März 1933 unterscheidet, zeigt, dass die Anwendung des Art. 48 keineswegs zur Abschaffung der Demokratie führen musste. Ebert übte sein Recht im Einverständnis mit der Reichstagsmehrheit aus – zum Schutz der Demokratie. Hindenburg jedoch ließ gegen den mehr oder weniger funktionsuntüchtigen Reichstag die Wirtschaftskrise bekämpfen, aber nach seiner Wiederwahl die demokratische Regierung Preußens beseitigen und schließlich den Rechtsstaat zerstören. Ebert arbeitete bis zum Oktober 1924 mit 136 Notverordnungen, davon allein 40 mit wirtschaftlichem Inhalt. Hindenburg arbeitete vom Juli 1930 bis zum „Ermächtigungsgesetz" vom 24. März 1933 mit 116 Notverordnungen, die er überwiegend zur „Sicherung von Wirtschaft und Finanzen" einschließlich der Verabschiedung des Reichshaushaltes einsetzte. Insbesondere in den letzten Krisenjahren verließ die Regierung den „demokratischen Weg des Kompromisses" (Bracher). Die Präsidialdiktatur verschärfte die Krise: Dennoch darf das Scheitern der Weimarer Republik nicht auf die Anwendung des Art. 48 reduziert werden.

Zu Aufgabe 1, S. 10
Vgl. die Erläuterung zu M 2.

Zu Aufgabe 2, S. 10
In der Weimarer Verfassung stehen die Grundrechte im zweiten Hauptteil der Verfassung. Dagegen stellten die „Väter" und „Mütter" des Grundgesetzes der Bundesrepublik Deutschland sie bewusst an die Spitze der Verfassung. Darin kommt der Wille der Verfassunggeber zum Ausdruck, dass Grundrechte nicht wie in Weimar mehr Zusatz oder Anhängsel sein sollen, sondern „das Grundgesetz regieren" müssten (Carlo Schmid).

M 3, S. 10–12
Demokratie ohne Demokraten?

a) Adolf Hitler am 24. August 1930 vor dem Reichsgericht zur Frage, ob die NSDAP eine verfassungskonforme Partei sei

Zur Person: s. SB S. 156

Zu Hitler und der NSDAP: Im Januar 1919 gründete der Eisenbahnschlosser Anton Drexler (1884–1942) die „Deutsche Arbeiterpartei", die 1920 in „Nationalsozialistische Deutsche Arbeiterpartei" (NSDAP) umbenannt wurde. Seit Juli 1921 war Adolf Hitler Erster Vorsitzender der Partei. Sie war nach dem „Führerprinzip" aufgebaut. An ihrer Spitze stand der „Führer" und sein Stellvertreter sowie die Reichsleitung mit den Reichsleitern. Die NSDAP gliederte sich in Gaue, Kreise, Ortsgruppen, Zellen, Blocks. Neben der Partei standen die gleichfalls nach dem Führerprinzip organisierten, zum Teil paramilitärischen Parteiorganisationen wie die SA, SS, HJ, BdM etc. und angeschlossenen Verbände.

Bereits vor der Machtübernahme 1933 herrschte Hitler fast unumschränkt über die NSDAP. Sie verdankte den überragenden propagandistischen Fähigkeiten ihres Parteiführers den Aufstieg von einer lokalen Splitterpartei zur stärksten politischen Kraft und zur Regierungspartei. Auch nach der nationalsozialistischen „Machtergreifung" blieb Hitler für seine Partei ein unersetzlicher Magnet, so dass die NSDAP weiterhin von ihm abhängig war.

Die Nationalsozialisten wollten alle individuellen und demokratischen Freiheiten beseitigen, die seit der Französischen Revolution erkämpft worden waren. Radikaler Nationalismus, Antiliberalismus und Antimarxismus, Führerstaat und Einparteienherrschaft gehörten zu den zentralen Forderungen der NSDAP. Die herausgehobene politisch-ideologische Bedeutung der Rassenlehre mit der Übersteigerung des „germanischen Herrenmenschen", der radikale Antisemitismus und der Aufbau eines umfassenden Terror- und Vernichtungsapparates sowie die aggressiv-expansionistische Forderung nach mehr „Lebensraum" für die Deutschen heben den Nationalsozialismus von anderen faschistischen Diktaturen (Italien) ab. Nur der Nationalsozialismus bildete Rassenlehre und Antisemitismus zu einer umfassenden Weltanschauung aus; über Verfolgung und Entrechtung führte diese schließlich zur systematischen Vernichtung der jüdischen Bevölkerung. Und der Nationalsozialismus steigerte die Politik der Revision der Versailler Friedensordnung bis zum Zweiten Weltkrieg.

Zur Quelle: Der Text enthält folgende zentrale Aussagen:

– Die NSDAP will „legal" an die Macht gelangen, d. h., sie will alle gesetzlichen und parlamentarischen Möglichkeiten für ihren Aufstieg nutzen.

– Wenn die NSDAP an der Macht ist, wird sie den Staat nach ihren Ideen umgestalten, d. h. die Demokratie abschaffen und eine nach dem „Führerprinzip" organisierte Diktatur errichten.

b) Aus einer programmatischen Erklärung der Kommunistischen Partei Deutschlands (KPD) vom 24. August 1930

Zur Entstehung und Programmatik der KPD: Die KPD entstand im Dezember 1918/Januar 1919 aus der Spartakusgruppe, die bis dahin die extreme Linke der USPD gebildet hatte, und den Internationalen Kommunisten Deutschlands, die aus Bremer und Hamburger Linksradikalen hervorgegangen waren. Unter ihrem Vorsitzenden Ernst Thälmann (1925–1933) bekannte sie sich zum Stalinismus. Das bedeutete innerparteilich straffe Zentralisierung, Bürokratisierung, Herrschaft des Parteiapparates. Die Weimarer Demokratie lehnte die KPD in Bausch und Bogen ab. Statt dessen propagierte sie die revolutionäre Umgestaltung des bestehenden Systems und die Schaffung „Sowjetdeutschlands". In der Weltwirtschaftskrise bekämpfte sie die SPD als „Sozialfaschisten".

Zur Quelle: Die Erklärung enthält folgende wesentliche Forderungen:

– Abschaffung aller deutschen Verpflichtungen aus dem Versailler Vertrag

– Ablehnung aller Zinszahlungen für Anleihen, Kredite und Kapitalanlagen der westlichen Industriestaaten

– Verbesserung der materiellen Lebensbedingungen der Arbeiterklasse

– Beseitigung des Kapitalismus

– Einrichtung eines politisch-sozialen und wirtschaftlichen Systems wie in der Sowjetunion.

c) Rudolf Breitscheid von der SPD am 2. Juni 1931 über die Ziele seiner Partei

Zur Person: s. SB S. 155

Zur SPD: Die SPD gehörte zu den tragenden Säulen der Weimarer Republik, da sie sich für die parlamentarische Demokratie stark machte und gleichzeitig für die Erweiterung der sozialen und politischen Rechte der Arbeiterschaft einsetzte. In der Endphase Weimars, die schließlich in der Präsidialdemokratie endet, bleibt für die sozialdemokratischen Zielvorstellungen allerdings immer weniger Raum. Das Pendel schlägt zur autoritativen Demokratie aus, die sich gerade mit der Abschaffung und Überwindung der Partizipationsrechte auf dem politischen Massenmarkt empfiehlt. Diese Entwicklung versucht die Sozialdemokratie mit der Beschwörung von Rationalität, Sozialstaatlichkeit und Republikanismus zu verhindern – vergeblich.

Zur Quelle: Der Text schlägt folgende drei zentrale Strategien für den Kampf gegen die Nationalsozialisten vor:

- Fernhalten der NSDAP von der Regierungsmacht
- Aufklärung der Bevölkerung über Wesen und Ziele des Nationalsozialismus und Motivierung für aktiven Kampf gegen die Partei
- Beseitigung der materiellen und geistigen Voraussetzungen für die Entstehung und den Aufstieg der NSDAP.

d) *Reichskanzler Heinrich Brüning (Zentrumspartei) über die Ziele seiner Politik Anfang der 1930er-Jahre*
Zur Person: s. SB S. 155
Zur Zentrumspartei: Das Zentrum gehörte zu den staatstragenden Parteien der Weimarer Republik und war von 1919 bis 1932 an allen Reichsregierungen beteiligt. Es vertrat als Weltanschauungspartei die bekenntnistreuen Katholiken und integrierte Angehörige der unterschiedlichsten Gesellschaftsschichten. Unnachgiebig blieb das Zentrum in Fragen der Konfessions-, Schul- und Kulturpolitik, in allgemein-politischen, wirtschafts- und gesellschaftspolitischen Angelegenheiten zeigte sich die Partei jedoch gegenüber der Rechten wie der gemäßigten Linken kompromissbereit. Das führte zu großer koalitionspolitischer Flexibilität. Seit den 20er-Jahren entwickelte sich das Zentrum allerdings immer stärker nach rechts. Während der Kanzlerschaft Brünings hatte das zur Folge, dass die ursprüngliche koalitionspolitische Offenheit auch zur SPD hin schrittweise abgebaut wurde.

Zur Quelle: Brüning enthüllt, dass er eine tief greifende Verfassungsreform durchführen, den Bismarckschen Konstitutionalismus, vielleicht auch die Hohenzollernmonarchie, restaurieren und die Regierung einem Kabinett aus Vertretern der Rechtsparteien überlassen will. Darüber hinaus strebt er eine weitreichende Zusammenarbeit mit der NSDAP an. Sie soll zwar nicht an der Regierung beteiligt werden, aber genaue Absprachen über ihre Oppositionsarbeit sollen der Regierung das Leben erleichtern.

e) *Aus dem Regierungsprogramm des Reichskanzlers Kurt von Schleicher (parteilos) vom 15. Dezember 1932*
Zur Person: s. SB S. 157
Zur Quelle: Das Regierungsprogramm Schleichers umfasst folgende zentrale Punkte:

- Arbeitsbeschaffung für alle Schichten
- ostelbisches Siedlungsprogramm
- Aufträge für Unternehmen
- Ersatz-, Erweiterungsinvestitionen
- Finanzhilfen für Länder und Gemeinden.

Außerdem verdeutlicht der Text, dass sich Schleicher als Friedensstifter im aus seiner Sicht unergiebigen Parteienhader, als Retter aus vermeintlich unfruchtbaren parlamentarischen Spielchen („Verfassungsänderungen") sieht.

Zu Aufgabe 3, S. 12
Vgl. die Erläuterungen zu M 3 a–e.

Zu Aufgabe 4, S. 12

Tafelanschrieb
Siehe Tabelle unten.

Zu Aufgabe 5, S. 12
Didaktisch-methodischer Hinweis: Die Erläuterung und Bewertung der „Legalitätstaktik" Hitlers kann durchaus für eine grundsätzliche Diskussion über

	Verfassungstreue	*Haltung zur Demokratie*
Hitler/NSDAP	Verfassungstreue nur Taktik	Gegen Demokratie, für Führerstaat (Diktatur)
KPD	Ablehnung der Verfassung	Gegen Demokratie, für Sowjetsystem
Breitscheid/SPD	Bekenntnis zur Verfassung	für Demokratie
Brüning/Zentrum	Verfassung soll reformiert werden	Gegen Demokratie, für Bismarckschen Konstitutionalismus und Monarchie
Schleicher	Ablehnung der Verfassung	Gegen Demokratie: Parlament soll ausgeschaltet werden

den Begriff der Demokratie genutzt werden. Dabei sollte die These im Vordergrund stehen, ob und inwieweit die Wertneutralität und, damit verbunden, der Relativismus der Weimarer Verfassungsordnung eine Ursache für das Scheitern der ersten deutschen Demokratie war. Zur Charakterisierung dieser Begriffe bietet sich ein Zitat des sozialdemokratischen Juristen und Politikers Gustav Radbruch an: „Die Demokratie hat zu ihrem Hintergrund den Relativismus. Sie ist bereit, jeder Auffassung die Führung zu überlassen, die die Mehrheit im Staate hinter sich zu bringen gewusst hat. Die Zahl der Anhänger, nicht der sachliche Gehalt einer politischen Auffassung, entscheidet über die Führung im Staat, weil keine politische Anschauung beweisbar, keine widerlegbar ist. Solcher Relativismus aber enthält ein gut Teil Skepsis, ein gut Teil Resignation, setzt Reife und Weisheit voraus und ist für junge Menschen nicht leicht zugänglich, denen ihr notwendig noch begrenztes Weltbild als das Weltbild erscheinen muss."

Zur Beschreibung der Folgen einer werterelativistischen Verfassungsauffassung kann auch der folgende Text des sozialdemokratischen Reichsministers Eduard David herangezogen werden, der 1919 auf die Frage der monarchistischen Parteien nach ihrem Recht zur Umgestaltung der Verfassung antwortete: Die Verfassung „gibt ihnen die Möglichkeit, auf legalem Wege die Umgestaltung in ihrem Sinne zu erreichen, vorausgesetzt, dass Sie die erforderliche Mehrheit des Volkes für ihre Anschauungen gewinnen. Damit entfällt jede Notwendigkeit politischer Gewaltmethoden ... Die Bahn ist frei für jede gesetzlich-friedliche Entwicklung. Das ist der Hauptwert einer echten Demokratie."

Wie M 3 a zeigt, haben die Nationalsozialisten während der Weimarer Zeit mit erstaunlicher Offenheit sowohl ihr Ziel wie auch ihre Strategie vertreten. Sie wollten nicht nur durch Terror und Propaganda, sondern mit Hilfe der parlamentarischen Entscheidungsgremien die Macht an sich reißen, um den bestehenden demokratischen Staat zu beseitigen und eine Diktatur zu errichten.

Bei der Diskussion ist auf jeden Fall auch darauf hinzuweisen, dass das Grundgesetz der Bundesrepublik Deutschland aus den Erfahrungen mit dem Scheitern Weimars und der nationalsozialistischen Barbarei Konsequenzen gezogen hat: Der Parlamentarische Rat, der in den Jahren 1948/49 das Grundgesetz erarbeitete, war von Anfang an entschlossen, den neuen Staat nicht den Feinden der Demokratie auszuliefern. Es solle sich künftig „jener nicht auf die Grundrechte berufen dürfen, der von

ihnen Gebrauch machen will zum Kampf gegen die Demokratie und die freiheitliche Grundordnung", sagte der sozialdemokratische Abgeordnete Carlo Schmid am 8. September 1948 zu Beginn der Verfassungsberatungen.

Zu Aufgabe 6, S. 12

Didaktisch-methodischer Hinweis: Bei der Diskussion der sozialdemokratischen Strategie zur Bekämpfung des Nationalsozialismus sind unbedingt auch die politisch-gesellschaftlichen Rahmenbedingungen mitzureflektieren, unter denen die SPD handelte. Seit den späten 20er-Jahren kennzeichneten die Partei innere Flügelkämpfe, die durch Einwirkungen von außen verschärft wurden: Die KPD begab sich auf einen derart entschiedenen antisozialdemokratischen Linkskurs, dass die Sozialdemokratie in die Schere nationalsozialistischer und sozialfaschistischer Agitation geriet. Hinzu kam, dass in der sich während der 30er-Jahre abzeichnenden großen Krise, die schließlich in der Präsidialdemokratie endete, für sozialdemokratische Zielvorstellungen immer weniger Raum blieb – das Pendel schlug zur autoritativen Demokratie aus, die sich gerade mit der Abschaffung und Überwindung der Partizipationsansprüche breiterer Bevölkerungsschichten den Wählern anpries.

Die Wirtschaftskrise konfrontierte eine in sich gespaltene Partei, die vor sich selbst die Regierungsbeteiligung nicht mehr rechtfertigen konnte, mit Bestrebungen, die in der republikanischen Verfassung kein positives Ziel erkennen und die Weimarer Republik durch eine Veränderung in der Substanz grundlegend umgestalten, wenn nicht abschaffen wollten. Diesen Tendenzen wurde kein geschlossenes Konzept entgegengehalten. Die Sozialdemokratie begab sich geradezu mit innerer Erleichterung erneut in die Opposition. Das bedeutete mehr als eine parlamentarische Wende: Es war der Abschied vom Mitgestaltungsanspruch, wie er sich in den programmatischen Änderungen der 20er-Jahre niedergeschlagen hatte, Sozialdemokraten könnten die Einrichtungen des Staates für ihre Ziele nutzen und eine demokratisch abgesicherte Politik der Veränderung betreiben.

Manchem Sozialdemokraten erschien die entscheidungsferne Position durchaus erstrebenswert und in jedem Falle als erstrebenswerter denn ein Verschleiß in den parlamentarischen und plebiszitären Grabenkämpfen. Die Reinheit des sozialdemokratischen Wollens galt ihnen als ein hohes Ziel. Der Bestimmung sozialdemokratischer Programmpunkte und der Glaubwürdigkeit sozialdemokratischer Politik diente diese Bestrebung politischer Zurückhaltung und Passivität freilich kaum noch. In der Endphase der Republik konnte die SPD zunehmend weniger eine tragende Rolle spielen und verlor in einem bald unaufhaltsam scheinenden Machtverfall auch in demokratischen Bollwerken wie Preußen ihre Handlungsspielräume. In dieser Situation blieb fast nur noch der ohnmächtig anmutende und beschwörende Appell, die NSDAP von der Macht fern zu halten, die Bevölkerung aufzuklären und die materiellen wie geistigen Wurzeln der Nazis auszumerzen.

M 4, S. 12
Ergebnisse der Reichstagswahlen 1919–1933

Augenscheinlich schrumpfen die Parteien der Weimarer Koalition nicht nur von 1919 bis 1924, sondern vor allem von 1928 bis 1933 optisch auf die Hälfte, wobei gleichzeitig die NSDAP um diesen Anteil wächst. Scheinbar wechseln die Wähler von der SPD, vom Zentrum, von DDP und DNVP zur NSDAP. Allerdings ist zu berücksichtigen, dass nach der Zahl der Abgeordneten die SPD, Zentrum, aber auch USPD und KPD ihre Wählerzahlen von 1919 bis 1933 nahezu konstant halten. Nur DDP und DVP verlieren erheblich an Abgeordneten.

Der Zugewinn der NSDAP stammt also ganz wesentlich aus neuen Wählerpotenzialen; wegen des reinen Verhältniswahlrechts der Weimarer Reichsverfassung schlagen sich die neuen Stimmen in weiteren Abgeordnetensitzen nieder: Der Reichstag steigert seine Abgeordnetenzahl in 14 Jahren um nahezu 50 %.

Stellt man die politischen Lager in den Mittelpunkt der Analyse der Jahre 1924–1933 (in den vorausgehenden Jahren lehnte die DVP die Republik grundsätzlich ab, erst Stresemann integrierte die DVP in die Republik), ergibt sich folgendes Bild:

– Eine relative Stabilität der Lager: Die Arbeiterparteien (Linke) gewannen Stimmenanteile um 35 bis 40 % bei einem regelmäßigen Austausch innerhalb des Lagers; das Zentrum (linke bis rechte Mitte) repräsentierte um 11–13 % der Wählerinnen und Wähler.

– Der Zusammenbruch des liberalen Lagers seit der Weltwirtschaftskrise: die liberalen, bürgerlichen Parteien (DDP, BVP, DVP; linke bis rechte Mitte) hielten von 1924 an einen relativ stabilen Stimmenanteil um 15 %, dieser brach seit der Septemberwahl 1930 zusammen.

– Die nationalistischen Parteien (Rechte) bewegten sich bis auf die Wahlen von 1928 bei einem starken Anteil um 25 %, der entscheidende Durchbruch gelang mit gut 43 % für NSDAP und DNVP im Wahljahr 1932.

Zu Aufgabe 7, S. 12
Vgl. die Erläuterung zu M 4.

M 5, S. 13
Ergebnisse der Reichstagswahl vom Juli 1932 nach Berufsgruppen (Angaben in Prozent der Wahlberechtigten der jeweiligen Berufsgruppe)

Die Grafik verdeutlicht den neuesten Kenntnisstand der historischen Wahlforschung, den der Historiker Andreas Wirsching präzise so zusammengefasst hat: „Als Ergebnis steht fest, dass die NSDAP von allen Schichten der Bevölkerung gewählt wurde. In weitaus höherem Maße, als man gemeinhin angenommen hatte, gilt dies auch für Angehörige der wohlhabenden Oberschichten [...]. Tatsächlich aber erzielte die NSDAP 1930–1932 auch unter den Arbeitern erhebliche numerische Zustimmung, in überdurchschnittlicher Weise unter den Landarbeitern, weniger dagegen unter Industriearbeitern [...]. Insgesamt schätzt Falter den Arbeiteranteil an der NSDAP-Wählerschaft auf 30–40 % [...]. Ebenfalls unterdurchschnittlich wählten aber auch die angestellten Mittelschichten nationalsozialistisch, womit eine lange Zeit behauptete besondere Affinität der Angestellten zur NSDAP definitiv falsifiziert sein dürfte. [...]. Überdurchschnittlich stark wählten dagegen die gewerblichen Mittelschichten die Nationalsozialisten, wobei in sozialstruktureller Hinsicht der Anteil der Selbstständigen im Agrarsektor und ihrer mithelfenden Familienangehörigen besonders ausgeprägt war. Die deutlich höchste Affinität zur NSDAP wies indes der protestantische selbstständige Mittelstand auf [...]." (Andreas Wirsching, Die Weimarer Republik. Politik und Gesellschaft, Oldenbourg, München 2000, S. 102)

Zu ähnlichen Ergebnissen gelangte der Wahlforscher Jürgen W. Falter. In seinem Aufsatz „Wer verhalf der NSDAP zum Sieg?", der im Heft B 28–29/79 in „Aus Politik und Zeitgeschichte". Beilage zur Wochenzeitung „Das Parlament" erschien, zog er daraus folgende Schlüsse (S. 19): „Zwar überwiegt unter den Wählern der NSDAP von 1930 ab unbestreitbar das mittelständische Element; doch gelang es der NSDAP, mit ihrer Ideologie der Volksgemeinschaft und ihrem übersteigerten Nationalismus, Angehörige aller Bevölkerungsschichten, Angestellte und Arbeiter, Bauern und Beamte, Freiberufler und Hausfrauen, Junge und Alte, Protestanten und Katholiken, Grenz- und Binnenlandbewohner, Unternehmer und Arbeitslose etc., in so großer Zahl für sich zu mobilisieren, dass bei aller Überrepräsentation des protestantischen Mittelschichtenbereichs sie stärker als jede andere politische Gruppierung jener Jahre Volksparteicharakter trug."

An dieser These machte Falter auch in späteren Untersuchungen keine Abstriche: „Wenn man all dies zusammensieht, so erscheint die NSDAP als eine Partei, die von unterschiedlichen sozialen Schichten mehr Unterstützung fand und, mit zwei gewichtigen Ausnahmen, den praktizierenden Katholiken und dem industriellen Proletariat, gleichmäßiger über die verschiedenen Berufsgruppen und demografischen Kategorien hinweg verteilt war als jede andere wichtige Partei der Weimarer Republik. Es erscheint daher als angebracht, mit Thomas Childers die NSDAP als eine Volkspartei des Protestes zu charakterisieren, die trotz klarer Affinitätsunterschiede Bürger aller Regionen, Glaubensbekenntnisse und sozialen Herkunft vereinigte. Die NSDAP erweist sich als eine Partei, die in überraschendem Ausmaße schon vor der Machtergreifung und der Etablierung des Dritten Reiches in der Lage war, ihre sozial unterschiedlichen Gefolgsleute in einer volksgemeinschaftsartigen Bewegung zu integrieren." (Jürgen W. Falter, War die NSDAP die erste deutschen Volkspartei?, in: Michael Prinz/Rainer Zitelmann [Hg.], Nationalsozialismus und Modernisierung, Wissenschaftliche Buchgesellschaft, Darmstadt, [2]1994, S. 44 f.)

Zu Aufgabe 8, S. 12

Vgl. die Erläuterung zu M4.

Zu Aufgabe 9, S. 12

Die These, dass die Weimarer Republik in ihrer Endphase in den „Zangengriff" der radikalen Parteien geriet, lässt sich durchaus bestätigen: Tatsächlich konnte die NSDAP 1932 ihren Anteil von 18,3 auf 37,4 % nahezu verdoppeln. Die KPD gewann leicht hinzu und erzielte mit 14,5 % ihr bis dahin bestes Ergebnis. Eine „negative absolute Mehrheit" in der Weimarer Republik, in der die extremistischen Flügelparteien zusammen mehr als 50 % der Reichstagsmandate besaßen, war damit erreicht; sie legte jeglichen Ansatz einer konstruktiv-parlamentarischen Politik lahm. Damit ist jedoch nur ein, wenn auch wesentlicher, Grund für das Scheitern der Weimarer Demokratie genannt.

M6, S. 13

Arbeitslosigkeit in Deutschland 1919–1933 im internationalen Vergleich

Die Statistik zu den Arbeitslosenzahlen verdeutlicht vor allem die sozialen Folgen der weltweiten Wirtschaftskrise – der durch den Börsencrash in New York (25. Okt. 1929) ausgelösten internationalen Finanz- und Bankenkrise, die auf das produzierende Gewerbe mit zahlreichen Pleiten übergriff und Millionen von Menschen „freisetzte". Im Jahr des Höhepunkts der Krise waren weltweit schließlich fast 25 % der Erwerbsfähigen arbeitslos!

Im Einzelnen lassen sich folgende wesentliche Entwicklungen feststellen: Von der Krise, die nach Börsencrash, Bankenpleiten und Zusammenbruch von Industriebetrieben ihren Höhepunkt im Jahr 1932 erreichte, waren die USA und Deutschland, die nach Industrieproduktion weltweit führenden Mächte, naturgemäß am stärksten betroffen. Der langsame weltweite Rückgang der Arbeitslosenquote ab 1933 – allerdings verzögert in den USA – hat zum einen mit einer sich verbessernden weltwirtschaftlichen Situation zu tun, zum anderen in Deutschland mit der sukzessive und massiv vorangetriebenen, über staatliche Ausgaben finanzierten Aufrüstungspolitik des „Dritten Reiches", die Arbeitsplätze schuf. Aber auch die Wirtschaft der USA erholte sich allmählich aufgrund der staatsinterventionistischen Politik des New Deal.

Zu Aufgabe 10, S. 13

Vgl. die Erläuterung zu M6.

Zu Aufgabe 11, S. 13

Didaktisch-methodischer Hinweis: Weil die Folgen der nationalsozialistischen Diktatur so grauenvoll und umstürzend waren, haben Zeitgenossen und Historiker immer wieder zu erklären versucht, warum es in weniger als 15 Jahren zur Zerstörung der Demokratie in Deutschland kommen konnte. Eine Auffassung besagt, die Arbeitslosigkeit von fast sechs Millionen Menschen 1932 habe dazu geführt, dass sich viele Menschen von der Weimarer Republik abgewandt und Hitler gewählt hätten. Die Attraktivität der Nationalsozialisten für Arbeitslose wird durchaus bestätigt durch SB M5, S. 13. Allerdings darf diese These nicht verabsolutiert werden. Das Scheitern der Weimarer Demokratie hat eine Fülle von Ursachen, die alle sorgsam gegeneinander abzuwägen sind. Auch die Verdrossenheit über die vielen Parteien und die häufig wechselnden Regierungen sowie die Verbitterung über den Versailler Friedensvertrag haben sicherlich zur Abwendung von Weimar beigetragen. Diskussionswürdig erscheint zudem die These, das Scheitern der Demokratie sei bereits in ihren Anfängen begründet gewesen. Demnach habe die Revolution nicht „konsequent" genug Politik, Wirtschaft und Gesellschaft umgestaltet. Es sei versäumt worden, die Wirtschaft zu sozialisieren, Verwaltung und Heer seien nicht durchgreifend demokratisiert und die alten Eliten aus der Kaiserzeit nicht konsequent ausgetauscht worden. Eine andere Interpretation betont wieder stärker die Belastungen der jungen Republik durch die militärische Niederlage und das Erbe des Kaiserreiches. Hierzu gehörten die Staatsschulden aus den Kriegsanleihen, die die Republik bezahlen musste. Dies wiederum setzte bis Oktober 1923 eine Inflation in Gang, durch die Millionen Sparer ihr Geld verloren, wofür sie die Republik verantwortlich machten. Hinzu kamen Gebietsabtretungen und Reparationszahlungen an die Siegermächte. Beinahe mehr als die materiellen Verluste erregte die Deutschen der Artikel 231 des Versailler Vertrages, der Deutschland für den Kriegsausbruch 1914 allein verantwortlich machte. Für viele Zeitgenossen war der Versailler Friedensvertrag daher ein Dokument der Demütigung und Niederhaltung der Deutschen. Die 1929 ausbrechende Weltwirtschaftskrise verstärkte die antidemokratischen und nationalistischen Einstellungen, ohne sie jedoch hervorzubringen.

Auch die sozialpolitischen Gründe für den Niedergang der Republik dürfen nicht übersehen werden. Deutschland war zwar durch die Revolution zu einer parlamentarischen Demokratie geworden, doch gelang es nicht, die politische durch eine soziale Demokratie zu ergänzen. In den Revolutionsmonaten 1918 hatte es Ansätze zu einer Sozialpartnerschaft zwischen Gewerkschaften und Unternehmern gegeben, aber sie wurde Schritt für Schritt von den Unternehmern ausgehöhlt und schließlich 1928 aufgekündigt. Dem Scheitern der politischen Demokratie ging das Scheitern des sozialen Ausgleichs zwischen Arbeit und Kapital voraus.

Dennoch hat keine der genannten Ursachen für den Niedergang der Weimarer Demokratie allein zur „Machtergreifung" der Nationalsozialisten geführt. Wer den Aufstieg und das Scheitern Weimars in seiner ganzen Komplexität erfassen will, muss alle krisenhaften Erscheinungen der Zeit in den Blick nehmen und vor diesem Hintergrund die Frage stellen, welche Handlungsspielräume und Möglichkeiten die Demokratie zu ihrer Bewältigung besaß. Aus dieser Sicht erscheint dann die Geschichte der Weimarer Republik als ein Lehrstück für die Gefährdungen einer Demokratie in einer Epoche tief greifender krisenhafter Umbrüche.

Nicht vergessen werden sollte außerdem, dass das Ende der Demokratie am 30. Januar 1933 leicht den Blick auf ihre Leistungen verstellt: die demokratische Verfassung, den Ausbau des Sozialstaates durch die Arbeitslosenversicherung im Jahre 1927, die Einführung des Wahlrechtes für Frauen, die Verbesserung der Bildungschancen für Kinder und Jugendliche.

Zu Aufgabe 12, S. 13

Eine knappen und gut lesbaren Einstieg in die Thematik bietet Willi Paul Adams, Die USA im 20. Jahrhundert, Oldenbourg, München 2000, S. 59 ff., 173 ff., mit weiterführenden Literaturhinweisen und Überblick über den Forschungsstand.

M 7, S. 13 f.
Adolf Hitler und die NSDAP

Der Text zeigt folgende wichtige Stationen im Leben Hitlers und der Entwicklung der NSDAP auf:

- Hitler wurde 1889 in eine kleinbürgerliche österreichische Beamtenfamilie hineingeboren. Auch nach dem Tod des Vaters lebte die Familie in gesicherten materiellen Verhältnissen.
- Hitler besaß lediglich Volksschulbildung; einen Realschulabschluss schaffte er wegen schlechter Leistungen nicht.
- Hitler besaß keine Berufsausbildung; er lebte zeitweilig in den Tag hinein.
- In seiner Wiener Zeit bis 1913 engagierte sich Hitler nicht politisch. Er entzog sich der Wehrpflicht. Sein Rassenantisemitismus muss sich später entwickelt haben.
- 1914 meldete sich Hitler als Kriegsfreiwilliger, brachte es aber trotz militärischer Auszeichnungen nur zum Gefreiten.
- Nach dem Ersten Weltkrieg blieb Hitler im Militärdienst als Agent der Reichswehr.
- Seit 1919 engagierte sich Hitler in der rechtsradikalen DAP, die 1921 in NSDAP umbenannt wurde. Aufgrund seiner rhetorischen und propagandistischen Fähigkeiten stieg er zum Parteiführer auf und schaltete alle innerparteilichen Gegner aus. Mit seiner Rede- und Propagandakunst, aber auch mit Terror und Gewalt machte er die NSDAP bekannt. Dazu trug auch 1923 der gescheiterte Putsch Hitlers gegen die Reichsregierung und die bayerische Regierung bei sowie der folgende Prozess gegen Hitler und die milde Strafe von fünf

Jahren Festungshaft, von der Hitler nur ein Jahr verbüßte. Aber erst während der Weltwirtschaftskrise entwickelte sich aus der ursprünglichen Splitterpartei eine der großen Parteien der Weimarer Zeit.

– Die Reichstagswahl vom November 1932 brachte der NSDAP erste Verluste. Damit wurde deutlich, dass die NSDAP ihren Höhepunkt offensichtlich überschritten und sich ihr Wählerreservoir erschöpft hatte. Dafür spricht auch, dass sich gemessen an dem enormen Propagandaaufwand, dem hohen Maß an Terrorisierung und Verfolgung der politischen Gegner und dem „Kanzler-Bonus" Hitlers das Wahlergebnis für die NSDAP im März 1933 mit 43,9 % eher bescheiden ausnimmt. Die Partei legte gegenüber dem tiefen Einbruch im November 1932 10,8 % zu, gegenüber dem hohen Sieg vom Juli 1932 nur 6,5 %. Noch mehr als die Hälfte der deutschen Bevölkerung wünschte also keine Alleinregierung der NSDAP. Nur zusammen mit anderen rechten Gruppierungen erreichte die Regierung die absolute Mehrheit.

Zu Aufgabe 13, S. 14
Vgl. die Erläuterung zu M 7.

Zu Aufgabe 14, S. 14
Vgl. die Erläuterung zu M 7.

M 8, S. 15
„Wie Hitler das Wort ‚legal' in den Mund nimmt", Karikatur aus „Der wahre Jakob", Berlin 1932

„Der wahre Jakob" war eine satirische Zeitschrift der deutschen Sozialdemokratie. Sie wurde 1879 gegründet und bereits 1881 wieder eingestellt. Sie erschien jedoch erneut zwischen 1884 und 1923 und von 1927 bis 1933.
Die Karikatur ergänzt und vertieft SB M 3 a, S. 10 f. Sie verdeutlicht, dass sich Hitler verbal zur Legalität seiner politischen Strategie bekannte. Er nutzte den Bewegungsspielraum, den der pluralistische Rechtsstaat der politischen Betätigung eröffnete, maximal zur Bekämpfung der Republik aus, um ein Parteiverbot zu vermeiden. Die aggressive Stoßrichtung gegen die Demokratie wird durch den Gesichtsausdruck betont und dadurch, dass hinter dem in dem weit aufgerissenen Mund mit dem Wort „Legal" dunkle Gestalten sichtbar werden, die mit Gewalt und Terror auf ihre Stunde warten.

Zu Aufgabe 15, S. 15
Vgl. die Erläuterung zu M 8.

M 9. S. 15 f.
Zur Weltanschauung Hitlers (1925)

Hitlers Definition von Jude und die Konsequenzen dieser Definition für die Juden in Deutschland und für Hitlers Politik: Die Juden werden nicht durch ihre Religion, nicht durch ihre Kultur, sondern als Rasse bestimmt. Vor dem Hintergrund pseudobiologischer Gesetze bedeutet die rassistische Definition des Juden Unentrinnbarkeit aus dem Verdikt der Minderwertigkeit. Damit ist für deutsche Juden die Assimilation durch Sprache, Religion, Kultur unmöglich. Für Hitler ergibt sich daraus die Notwendigkeit des Terrors gegen die Juden, d. h. in letzter Konsequenz ihre Vernichtung, wobei er schon früh, also 1925 in „Mein Kampf", Giftgas als Mittel erwähnt.
Für Hitler bedeutet Verantwortung des Führers in der „germanischen Demokratie" Haftung mit Vermögen und Leben.
Demokratie zeichnet sich aus durch
– Willensbildung von unten nach oben
– Meinungskonkurrenz und Mehrheitsentscheidungen
– Annuität der Herrschaft
– Herrschaftskontrolle durch Parlament
Dagegen ist der Führerstaat charakterisiert durch
– Befehlsstruktur von oben nach unten
– Unterordnung unter charismatische Persönlichkeit
– Unbegrenztheit der Herrschaft
– Bestätigung des Führerentscheids.
Der völkische Staat bzw. die Volksgemeinschaft ist nach Hitler die Solidargemeinschaft aller „blutsmäßigen" Angehörigen des deutschen Volkes ohne Ansehen des Berufes, Vermögens, der Bildung, aber bei Beibehaltung der alten Gesellschaftsgliederung. Die Volksgemeinschaft zeichnet sich also durch nationale Einheit und Überlegenheit sowie durch Gefühlsverbundenheit aus. Hinzu kommt die Herrschaft über andere, unterlegene „minderwertige" Nationen.
Nach Hitler bestimmen zwei Prämissen den Kampf der Völker: Vermehrung und Selbsterhaltungstrieb. Das hat zur Folge den Kampf um Lebensraum (Boden). Die Auseinandersetzung der Staaten um Macht wird dabei gleichgesetzt mit dem Überlebenskampf der Tiere in der Natur. Wie die Tiere nach erblich festgelegten Arten eingeteilt seien, sieht Hitler die Menschen in erblich festgelegte Rassen unterteilt, deren Gaben von Natur aus unterschiedlich

seien: Die besten Anlagen besitzt danach die „germanische Rasse" und damit rechtfertigt Hitler deren Herrschaftsanspruch nach außen. Die Deutschen werden zum „arischen" Herrenvolk stilisiert, das im Interesse der „Höherentwicklung" der Menschheit zur Herrschaft über andere berufen sei. Die Slawen hingegen werden zu einer den „Ariern" untergeordneten Rasse herabgestuft, die in Gebieten leben, die zum „natürlichen Lebensraum" der deutschen Bevölkerung gehören.

Zu Aufgabe 16, S. 16
Hitlers Menschenbild steht in diametralem Gegensatz zum christlichen wie auch zum bürgerlich-liberalen Denken. Die Menschen werden von ihm nicht als unverwechselbare Individuen betrachtet. Auch besitzen sie nach nationalsozialistischer Vorstellung weder unveräußerliche Rechte (Menschen- und Grundrechte), noch sind sie von Natur aus gleich. Bestimmend für Hitlers Menschenbild war vielmehr der Rassismus. Nach dieser pseudowissenschaftlichen Lehre bestimmen biologische und damit erbliche Merkmale das gesamte menschliche, also auch das politisch-gesellschaftliche Verhalten. Überdies unterstellt der Rassismus Hitlers die Höher- bzw. Minderwertigkeit unterschiedlicher „Rassen". Mit dieser Annahme untrennbar verbunden ist eine sozialdarwinistische Sicht von Geschichte und Politik: Sie erscheinen als ständiger Kampf der Menschen, Völker, Staaten und „Rassen", wobei sich stets die Stärkeren gegenüber den Schwächeren durchsetzen.

Zu Aufgabe 17, S. 16
Vgl. die Erläuterung zu M 9.

Zu Aufgabe 18, S. 16
Kampf, nicht Verständigung erscheint Hitler und den Nationalsozialisten als das eigentliche Lebensprinzip der internationalen Staatenwelt. Alle Bemühungen der deutschen Außenpolitik sollen auf die Revision des Versailler Friedens bzw. die Wiederherstellung der deutschen Großmacht- und Weltmachtposition ausgerichtet werden. Hitler und die Nazis sind dabei von Anfang an entschlossen, skrupelloser als die Weimarer Außenpolitiker vorzugehen. Die Notwendigkeit einer aggressiven Außen- und Kriegspolitik begründen sie mit ihrer Rassenideologie. Das angeblich biologische Prinzip des Lebenskampfes wird so zur Legitimation einer expansionistischen Kriegs- und Vernichtungspolitik herangezogen und mit dem Begriff „Lebensraumpolitik" verharmlost.

Zu Aufgabe 19, S. 16
Vgl. die Erläuterung zu M 9.

Zu Aufgabe 20, S. 16
Vgl. die Erläuterung zu M 9. – Danach bedingten sich Rassenantisemitismus und Lebensraum-Doktrin gegenseitig. Die nach außen gerichtete Lebensraum-Doktrin besaß eine rassistische Grundlage. Sie sollte die „arische" Vorherrschaft über die slawischen und andere „Untermenschen" legitimieren. Und der Rassenantisemitismus richtete sich nicht nur „nach innen" gegen die deutschen Juden, sondern gegen alle Juden überall auf der Welt, die auszumerzen waren. Insofern sollte die These in der Aufgabe 19 relativiert werden.

Tafelbild
„Hitlers Weltanschauung"
Siehe Seite 19.

M 10, S. 16 f.
Vorgeschichte und Aufstieg des Nationalsozialismus in der historischen Diskussion

a) Der Historiker Eberhard Kolb schreibt 1984
Ausgangs- und Angelpunkt des Textes ist die These, dass das Scheitern Weimars bzw. der Aufstieg der NSDAP und die Machtübertragung auf Hitler nicht auf eine einzige Ursache zurückgeführt werden dürfe. Anstatt einer monokausalen Interpretation müsse eine multikausale Deutung erarbeitet werden, die alle Bereiche des gesellschaftlichen Lebens mit einbeziehe. Im Einzelnen werden folgende zentrale Gründe genannt:
- institutionelle Rahmenbedingungen: die verfassungsmäßigen Machtbefugnisse des Reichspräsidenten im Art. 48 beim Fehlen parlamentarischer Mehrheiten;
- die krisenhafte ökonomische Entwicklung und die damit einhergehende Instabilität von Politik und Gesellschaft;
- die antidemokratische und republikfeindliche politische Kultur;
- die Umschichtungen in der Sozialstruktur mit ihren Auswirkungen auf den „Mittelstand" und das Wahlverhalten;
- ideologische Belastungen: obrigkeitsstaatliche Tradition, Kriegsniederlage und dadurch verstärkter extremer Nationalismus, Dolchstoß-Legende, Sehnsucht nach dem starken Führer;
- die massenpsychologische Wirkung der Propaganda;

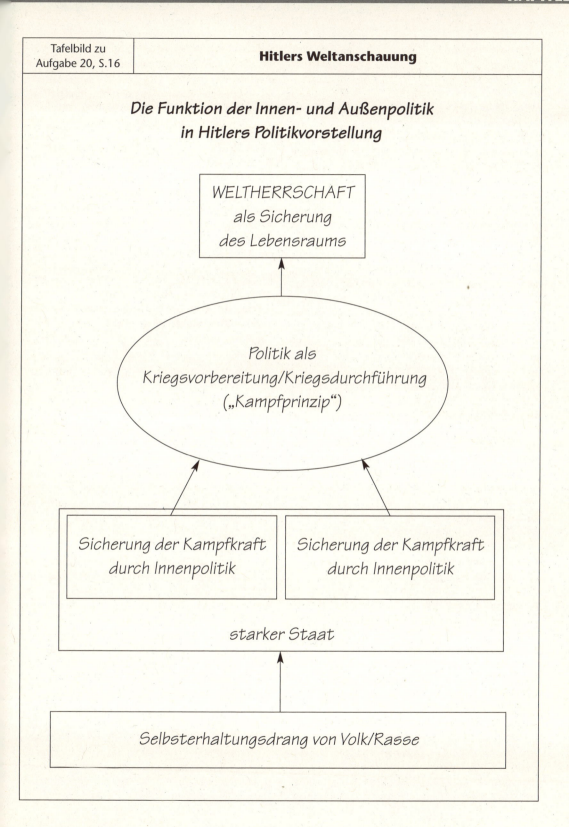

Tafelbild zu
Aufgabe 20, S.16

Hitlers Weltanschauung

Die Funktion der Innen- und Außenpolitik
in Hitlers Politikvorstellung

WELTHERRSCHAFT
als Sicherung
des Lebensraums

Politik als
Kriegsvorbereitung/Kriegsdurchführung
(„Kampfprinzip")

Sicherung der Kampfkraft
durch Innenpolitik

Sicherung der Kampfkraft
durch Innenpolitik

starker Staat

Selbsterhaltungsdrang von Volk/Rasse

– die Rolle von einzelnen Persönlichkeiten wie Hindenburg, Schleicher oder Papen, die Hitler den Weg geebnet haben.

b) Der Historiker Ian Kershaw schreibt über den „Faktor Hitler" im Vorwort zu seiner Hitler-Biografie (1998)
Kershaws Forschungsansatz ist gesellschaftsgeschichtlich ausgerichtet. Sein Interesse gilt weniger Ereignissen, Personen, Intentionen und Handlungen, sondern vielmehr Strukturen und Prozessen als Bedingungen und Folgen von Ereignissen, Entscheidungen und Handlungen. Diese müssen den Akteuren nicht immer voll bewusst sein, von ihnen nicht ganz oder anders beabsichtigt werden und die Entwicklungen bestimmen, aber auch nicht voll in ihnen aufgehen. Der Akzent seiner Hitlerbiografie liegt daher nicht primär auf Hitlers Persönlichkeit, sondern auf den gesamtgesellschaftlichen Strukturen, innerhalb deren er seine Macht entfalten konnte. Als wesentlich für den „Faktor Hitler" arbeitet Kershaw heraus: Die visionären Ziele des charismatischen Führers dienten für die vielen miteinander konkurrierenden Institutionen und Personen in Partei und Staat als Aktionsrichtungen, in die gehandelt werden sollte. Wer in dem komplizierten Geflecht rivalisierender Instanzen nach oben kommen und eine Machtposition erringen wollte, musste den Führerwillen erahnen und, ohne auf Anweisungen von oben zu warten, die vermuteten Ziele Hitlers fördern. Das führte zu einer ständigen Radikalisierung der NS-Politik.

Zu Aufgabe 21, S. 17
Vgl. die Erläuterung zu M 10 a.

Zu Aufgabe 22, S. 17
Vgl. die Erläuterung zu M 10 a.

Zu Aufgabe 23, S. 17
Vgl. die Erläuterung zu M 10 b.

Zu Aufgabe 24, S. 17
Der Historiker Kolb (SB M 10 a, S. 16 f.) erklärt den Aufstieg Hitlers und des Nationalsozialismus aus einer Vielzahl unterschiedlicher Faktoren (Institutionen, Wirtschaft, Gesellschaft, politische Kultur, Ideologie, Persönlichkeit). Dabei erkennt er die Gleichberechtigung und Gleichrangigkeit dieser verschiedenartigen Dimensionen an, jedenfalls wird keiner von ihnen ein gewisser Vorrang eingeräumt. Zwar betrachtet auch Kershaw (SB M 10 b, S. 17) das gesamte gesellschaftliche Gefüge mit seinen unterschiedlichsten Aspekten als Rahmen für die Macht Hitlers und des NS-Regimes. Er legt jedoch den Akzent auf die charismatische Autorität des „Führers", auf der die Herrschaft Hitlers beruhte. Insofern wird dadurch ein bestimmter Gesichtspunkt, nämlich der „Faktor Hitler", durchaus privilegiert.

M 11, S. 17
Hitler in der Nacht zum 31. Januar 1933 bei seiner ersten Rundfunkansprache als Reichskanzler, Fotografie
Das Bild zeigt, dass Hitler zur Stabilisierung und zum Ausbau seiner Macht alle modernen Propagandamittel einsetzt, also auch den Rundfunk, um die Masse der Bevölkerung zu beeinflussen.

M 12, S. 18
„Der Bildhauer Deutschlands", Karikatur von Oskar Garvens aus dem „Kladderadatsch" vom 30. Januar 1933
Die Karikatur ist viergeteilt, in allen Teilen wird Hitler dargestellt. Die beiden ersten Zeichnungen leben vom Kontrast der beiden Personen: der ängstliche, bebrillte, Intellektualität ausstrahlende Künstler und der herrisch und dominierend auftretende Hitler. Der Künstler hat eine komplexe Menschengruppe geschaffen, die Hitler mit einem Faustschlag zerstört – genauso wischt er den Künstler weg, er ist in den letzten beiden Teilen der Karikatur nicht mehr existent. Aus dem zerstörten Werk schafft Hitler allein, mit sicherem Griff das Material beherrschend, den neuen Menschen: kraftvoll, athletisch, zum Herrschen geboren.

Zu Aufgabe 25, S. 18
Als Ausgangspunkt für die Diskussion bietet sich außer dem Darstellungstext in SB S. 18 die folgende Definition einer Karikatur des Historikers Joachim Rohlfes an: „Karikaturen sind Denkanstöße. Sie leben nicht allein von der zeichnerischen Ausdruckskraft, sondern mindestens so sehr von dem zündenden Einfall, der witzigen Pointe. Karikaturen sind gezeichnete Witze und wie diese haben sie auch etwas von einem Rätsel. Die Anspielung, der chiffrierte Hinweis, die Verfremdung sind ihre typischen Stilmittel und das Vergnügen des Betrachters hängt entscheidend davon ab, dass er die Anspielungen und Parallelisierungen vollständig versteht. Das Verständnis von Karikaturen setzt Sachverstand voraus; wer die Sachverhalte, die der Zeichner karikiert, nicht kennt, kann mit der Karikatur wenig anfangen. Historische Karikaturen sind kommentierte und ge-

deutete Geschichte. Durch bissige Übertreibung will der Karikaturist Missstände anprangern, Verfehlungen aufspießen, Verhaltensweisen der Lächerlichkeit preisgeben. [...] Der Hauptzweck ist das Nachdenken über die Aussage, die der Künstler vermitteln will. Die gelungene Karikatur rührt an den Nerv der Dinge, macht betroffen, verkündet eine wirkliche Wahrheit."

Zu Aufgabe 26, S. 18

Vgl. die Erläuterung zu M 11, den Kommentar zur Bildunterschrift SB S. 18 sowie den Darstellungstext in SB S. 8 f.

Zu Aufgabe 27, S. 18

Die Karikatur M 8, S. 15 wirkt bedrohlich, voller Ahnungen von künftigem Grauen und Tod. M 12, S. 18 wirkt zweideutiger: Es wird zwar etwas zerstört, aber um Neues zu schaffen – ein durchaus verbreitetes Motiv.

M 13, S. 19
Der Affe als Denker, auf den Werken Darwins sitzend, Bronzebüste, undatiert (um 1900)

Didaktisch-methodischer Hinweis: Die Plastik sollte als Anregung verstanden werden. Dabei können die folgenden Fragen im Mittelpunkt stehen: Lässt sich die Aussage der Bronzebüste eindeutig festlegen? Ist sie ironisch gemeint oder als ernsthafte, nachdenkenswerte Darstellung zu verstehen? Haben Affe und Mensch die Rollen getauscht? Soll gegen Darwins Theorie rebelliert werden? Belegt oder widerlegt der Mensch Darwins Theorie? Warum wird auf Rodins Skulptur „Der Denker" zurückgegriffen? Taugen Darwins Theorien allerhöchstens dazu, sie als Ersatzstuhl zu nutzen?

Notizen

Kapitel 3: Die Errichtung der Diktatur und die Organisation der Herrschaft

Hinweise zur Arbeit mit den Materialien
Siehe den Kasten im Schülerband S. 22.

M 1, S. 22 f.
Parteipolitische Reaktionen auf die Ernennung Hitlers zum Reichskanzler

a) *Aus den Erinnerungen des zweiten Bundesführers des Stahlhelms, Theodor Duesterberg*
Zur Person Duesterbergs und den in der Quelle genannten Personen: s. SB S. 155–158
Zur Quelle: Der Text lässt zwei unterschiedliche Reaktionen der konservativen Eliten auf die Kanzlerschaft Hitlers erkennen: Auf der einen Seite lehnt der Bundesführer des „Stahlhelms", Duesterberg, ein Zusammengehen mit Hitler und der NSDAP ab, weil er die in seinen Augen fanatische Massenbewegung der Nazis für politisch unkontrollierbar hält. Aus diesem Grunde verzichtet er auch auf seinen Eintritt in das Kabinett Hitlers. Auf der anderen Seite glauben Papen, Hugenberg und Seldte, dass die konservativen Kräfte Hitler und dessen Anhänger „einrahmen", also zähmen bzw. für ihre politischen Ziele instrumentalisieren könnten.

b) *Aus dem Aufruf der KPD vom 30. Januar 1933*
Anders als die konservativen Eliten, die Hitler zähmen zu können glaubten, lehnt die KPD eine Beteiligung Hitlers und der NSDAP an der Regierung strikt ab. Die Kommunisten betrachten die NS-Herrschaft als blutige, barbarische Terrorherrschaft, die die sozialen Rechte der Werktätigen, vor allem der armen Bauern und Arbeiter, abschaffen will (Konterrevolution). Zum Kampf gegen die Nazis empfiehlt die KPD die Mobilisierung der Bevölkerung: Mit Hilfe von Massendemonstrationen, Betriebsstilllegungen, Massen- und Generalstreik soll das NS-Regime verhindert werden.

c) *Aus dem Aufruf des Vorstandes der SPD und der sozialdemokratischen Reichstagsfraktion vom 31. Januar 1933*
Der Text enthält folgende wesentliche Aussagen über Situationsanalyse und Strategie der SPD:
– Das Kabinett Hitler-Papen-Hugenberg ähnelt der Harzburger Front. – Dieser Zusammenschluss der „nationalen Opposition" aus DNVP, Stahlhelm und NSDAP organisierte am 31. Oktober 1931 in der Stadt Bad Harzburg eine gemeinsame Groß-

kundgebung, die verbunden war mit gewaltigen Aufmärschen paramilitärischer Verbände. Das Ziel bestand in der Mobilmachung gegen das Weimarer „System", worunter die unterschiedlichen Bündnispartner alles verstanden, was die politische Rechte verabscheute: Marxismus und Liberalismus, parlamentarische Demokratie und verständigungsbereite Außenpolitik. Die Folge war eine Umbildung des Kabinetts Brüning, der dadurch die Distanz zwischen Regierung und Parlament deutlicher als vorher markierte.
– Der Kampf gegen das Kabinett Hitler muss mit allen legalen, d. h. in der Verfassung vorgesehenen Mitteln geführt werden, um einem Parteiverbot zu entgehen. Eigenmächtige Aktionen bestimmter Gruppen werden aus diesem Grunde strikt abgelehnt.

Zu Aufgabe 1, S. 23
Vgl. die Erläuterung zu M 1 a.

Zu Aufgabe 2, S. 23
Vgl. die Erläuterung zu M 1 b, c.

M 2, S. 23
Reichspräsident Paul von Hindenburg und Adolf Hitler auf dem Weg zur Kundgebung am 1. Mai 1933, Fotografie

Das Bild illustriert das Bündnis zwischen der nationalsozialistischen Bewegung und den alten konservativen Eliten. Die alten Eliten des Kaiserreiches werden repräsentiert durch Hindenburg, den ostpreußischen Junker, den Generalfeldmarschall des Ersten Weltkrieges und den „Helden von Tannenberg", jetzt Reichspräsident der Republik, wiewohl Monarchist, der kurz vor seinem Tod Hitler noch zum Reichskanzler ernannt hat, zu dem dieser aus eigener Kraft nicht hätte werden können.
Für die Nationalsozialisten steht Hitler, lange Zeit ein Namenloser mit ungesicherter Existenz, bis vor kurzem Österreicher, „geadelt" durch die Weltkriegsteilnahme und das Eiserne Kreuz, aber großen Teilen der gehobenen Gesellschaft in Adel und Bürgertum mehr als suspekt durch politischen Radikalismus mit dem Ziel nicht nur der nationalen, sondern auch der sozialen Revolution durch eine „Krawallpartei".

M 3, S. 23 f.
Stimmen aus der Bevölkerung
Die Quellentexte lassen folgende Reaktionen auf das Kabinett Hitler erkennen:

– Obwohl mit einem jüdischen Offizier verheiratet, verliert die Lehrerin in M 3 a kein Wort über den Antisemitismus Hitlers und der Nationalsozialisten. Die Rede vom „nationalsozialistischen Schwung" verdeutlicht vielmehr die Wirkung eines ganz besonderen werbenden Elementes der NS-Propaganda auf Teile der Bevölkerung. Gemeint ist das Image der Jugendlichkeit, der ungebrochenen Vitalität und Schlagkraft der NSDAP und ihres „Führers". Gemeinsam mit den führenden Repräsentanten der politischen Rechten Hugenberg, Seldte und Papen sollte Hitler, so die Erwartung, die „nationale Erhebung" („meiner deutschen Hoffnung") durchsetzen. Insofern scheint M 3 a die Position der republikfeindlichen national-konservativen Rechten wiederzugeben: Mit ihrem Anspruch, nach dem Scheitern des „Weimarer Systems" etwas völlig Neues zu schaffen, verhieß die „nationale Erhebung" der auf grundlegende Veränderungen drängenden NS-Bewegung zwar Erfüllung, dies jedoch in einer „legalen" Form, die großen Teilen des Bürgertums und des Mittelstandes, aber auch vielen Militärs und Beamten Ruhe und Ordnung sowie die Bewahrung ihrer gesellschaftlichen Stellung garantierte.

– Die Stellungnahme der österreichischen Architektin in M 3 b zeigt eine gewisse Reserviertheit des gehobenen Bürgertums gegenüber den als plebejisch wahrgenommenen Nationalsozialisten. Deren Anhänger und Parteigänger werden entweder als „ein bisschen primitiv" oder als „arme Kerle" wahrgenommen. Der Ehemann scheint mit der politischen Rechten sympathisiert und das Kabinett Hitlers zunächst begrüßt zu haben. Allerdings rückte er schon rasch von dieser positiven Haltung ab, weil er erkennen musste, dass sich Hitler nicht zähmen ließ. Darüber hinaus lässt M 3 b erkennen, dass die Regierung Hitler von dem angesprochenen Landwirt sowie von dem Arbeiter, der sich als SA-Mann herausstellt, vorbehaltlos begrüßt wird.

– Die in M 3 c beschriebene Reaktion eines Bürgers mit deutschnationaler Gesinnung empfindet die Regierungsbeteiligung der braunen Bewegung zunächst als „Schande": Beruhigend wirkte sich jedoch die Nachricht auf ihn aus, dass die führenden Repräsentanten der politischen Rechten Hitler „einrahmten".

Zu Aufgabe 3, S. 24
Vgl. die Erläuterung zu M 3 a – c.

Tafelanschrieb
Siehe Tabelle unten.

Zu Aufgabe 4, S. 24
Die Reaktionen der deutschen Bevölkerung auf das Kabinett Hitler im Jahre 1933 lassen sich nicht auf eine einfache Formel bringen. Man wird nur schwer eine Mehrheitsmeinung feststellen können. Zur Vertiefung und Ergänzung der Diskussion über die unterschiedlichen Stimmungen in der Bevölkerung bietet sich ein zusätzlicher, analytischer Text an, der den aktuellen Forschungsstand zusammenfasst:

„Bis weit nach 1945 ist darüber gerätselt worden, warum sich nicht bereits am 30. Januar entschiedener Widerstand gegen Hitler formiert hat und welche Erfolgsaussichten eine solche Gegenwehr überhaupt gehabt hätte.

Die Stimmung in der Bevölkerung damals war gespalten und uneinheitlich, von einer ‚Revolution der Deutschen', wie Goebbels emphatisch meinte, keine Spur. Auf der einen Seite befand sich die gläubige braune Gefolgschaft durchaus noch in der Minderheit. Auf der anderen Seite kamen standfesten Republikanern in der Arbeiterbewegung und in den linken Parteien, in den Redaktionen der liberalen Blätter und im katholischen Milieu Süddeutschlands erste schwere Bedenken; viele jüdische Mitbürger ahnten schon damals, dass sie in ihrer Heimat bald nicht mehr sicher sein würden. Die Mehrheit

Reaktionen in der Bevölkerung				
Lehrerin (M 3 a)	Österreichische Architektin (M 3 b)	Landwirt (M 3 b)	Arbeiter/SA-Mann (M 3 b)	Deutschnationaler Bürger (M 3 c)
Begeistert bis ablehnend	Reserviert	Jubel	Jubel	Reserviert bis hoffnungsvoll

der Bevölkerung nahm die Nachricht von der Ernennung Hitlers, wie es der britische Botschafter in Berlin, Rumbold, registrierte, aber ‚gleichgültig‘ auf. Die Hörer von Radio Berlin seien durch die ‚geschwollenen Reden‘ der Kommentatoren des Umzuges ‚um ihre normale Abendunterhaltung gebracht und mit der absurd sentimentalen Schilderung des Fackelzuges und des endgültigen Triumphs der nationalsozialistischen Bewegung eingedeckt‘ worden.

Die Menschen waren unsicher, was geschehen würde, konzentrierten sich auf ihre privaten materiellen Kümmernisse und trauten den braunen Amateuren kaum zu, dass sie die Not bald würden lindern können. Vielen – übrigens auch vielen Beobachtern im Ausland, vor allem in Moskau – erschien die ‚nationale Erhebung‘ als ein kurzes Strohfeuer, das bald unter der erdrückenden Last der Tagesprobleme wieder verglimmen werde. Aber für die Weimarer Republik wollte sich eigentlich auch kaum mehr jemand recht schlagen. Sie galt als morsch und verbraucht, ihre Repräsentanten und Institutionen als unfähig, die akuten Wirtschaftsprobleme zu lösen. Republikanischer Geist und demokratischer Selbstbehauptungswille, in Deutschland sowieso nie sehr tief verwurzelt, waren bei der Mehrheit der Deutschen längst Resignation und politischer Lethargie gewichen. Der Übergang in die Diktatur wurde als gleitend erlebt, das Geschehen des 30. Januar nach den vielen vergeblichen Anläufen Hitlers zur Macht eigentlich eher als Überraschung aufgenommen, denn als Zäsur empfunden. Den wirklich ‚starken Mann‘ in dieser scheinbar rekonstruierten ‚Harzburger Front‘ sah die politische Linke in dem ‚Wirtschaftsdiktator‘ Alfred Hugenberg, für sie geradezu die Inkarnation reaktionärer kapitalistischer Gesinnung, dem es nunmehr offenbar gelungen sei, den braunen ‚Trommler‘ und seine Bewegung für seine eigenen restaurativen Absichten zu engagieren.“
(Bernd Jürgen Wendt; Deutschland 1933–1945. Das „Dritte Reich“. Handbuch zur Geschichte, Fackelträger, Hannover 1995, S. 77f.)

Zu Aufgabe 5, S. 24

Ein guter Überblick über weiterführende Literatur zur Thematik findet sich bei Hermann Glaser, Literatur und Theater, in: Wolfgang Benz, Hermann Graml u. Hermann Weiß (Hg.), Enzyklopädie des Nationalsozialismus, dtv, München [3]1998, S. 167–171.

M 4, S. 24 f.
Ziele der NS-Regierung – interne und öffentliche Dokumente

a) Aus dem Aufruf der Reichsregierung an das deutsche Volk vom 1. Februar 1933
Der Text formuliert folgende zentrale Ziele der Reichsregierung:
- Wiederherstellung der geistigen und willensmäßigen, der völkischen, d.h. ethnisch-nationalen, und politischen Einheit;
- Schutz des Christentums als Grundlage der Moral des Volkes;
- Schutz der Familie als Keimzelle von Volk und Staat;
- Stolz auf deutsche Vergangenheit und Traditionen als Grundlage der Erziehung der Jugend;
- Kampf gegen Nihilismus und Kommunismus.

b) Aufzeichnung der Rede, die Adolf Hitler am 3. Februar vor den Befehlshabern des Heeres und der Marine gehalten hat, durch den General Curt Liebmann
Der Text enthält folgende zentrale außenpolitische Ziele:
Nahziele
- Kampf gegen den Versailler Vertrag
- Gleichberechtigung im Völkerbund
- Wehrwille, allgemeine Wehrpflicht
- Bundesgenossen
Fernziel
- neuer Lebensraum (Siedlungsraum) und Germanisierung des Ostens und hierzu Absicherung gegen Frankreichs Bundesgenossen im Osten (Polen, ČSR).
Der Text formuliert folgende wesentliche innenpolitische Ziele:
- Kampf gegen Pazifismus, Marxismus, Bolschewismus
- Einstellung auf Kampfprinzip
- Wehrertüchtigung der Jugend
- autoritäre Staatsführung.

Zu Aufgabe 6, S. 25
Vgl. die Erläuterung zu M 4 a.

Zu Aufgabe 7, S. 25

Die deutsche Militärelite begrüßte insgesamt die Ziele der neuen Reichsregierung. In zwei Punkten gab es weitgehende Übereinstimmung. Auf innenpolitischem Gebiet entsprach die Neufundierung und Absicherung der seit 1918 stark eingeschränkten Machtposition der Reichswehr in Staat und Gesellschaft den Erwartungen der Militärs. Und außenpolitisch unterstützte die Militärelite die von Hitler angekündigte Wiederherstellung der deutschen Großmachtposition, die Mobilisierung der Bevölkerung für die nationale Großmachtpolitik, d. h. die „Wehrmachung der Nation", sowie die Erhaltung bzw. Wiederherstellung der führenden Rolle des Militärs.

Zu Aufgabe 8, S. 25

Siehe Tabelle unten.

M 5, S. 25 f.
Gewalt und Terror

a) Aus dem Runderlass des Reichskommissars für das Preußische Ministerium des Innern, Hermann Göring, an alle Polizeibehörden vom 17. Februar 1933

Der Erlass formuliert folgende zentrale Anforderungen an das Rollenverständnis der Polizeibeamten:
- Unterstützung aller nationalen Verbände (SA, SS, Stahlhelm) und nationalen Parteien;
- Kampf gegen alle staatsfeindlichen Organisationen;
- Einsatz aller Mittel, also auch Schusswaffengebrauch.

b) Aus dem Aufruf Adolf Hitlers an NSDAP, SA und SS vom 10. März 1933 zur „nationalen Revolution"

Der Aufruf erklärt die Vernichtung des Marxismus zum obersten Ziel der „nationalen Revolution". Diese wird als ein von oben geleiteter und planmäßiger Prozess dargestellt. Von dem Runderlass in M 5 a unterscheidet sich der Aufruf Hitlers in M 5 b dadurch, dass er Gewalt und Terror von Seiten der SS und SA nur in Ausnahmesituationen, nämlich bei offenen Widerstandshandlungen, erlaubt. Das Alltags- und vor allem das Geschäftsleben sollte den Anschein der Normalität erhalten. Dagegen erklärte Göring in M 5 a Gewalt und Terror zu allgegenwärtigen Mitteln der Polizei gegen die Gegner des Regimes ohne Rücksicht auf dadurch entstehende Störungen des alltäglichen Lebens.

Zu Aufgabe 9, S. 26

Vgl. die Erläuterung zu M 5 a.

Zu Aufgabe 10, S. 27

Vgl. die Erläuterung zu M 5 b.

M 6, S. 26
Ernennung von SS-Männern zu Hilfspolizisten, Fotografie, Februar 1933

Das Bild verdeutlicht die Herrschaftsmethoden des NS-Regimes. Die Anwendung brutaler Gewalt gegen den „inneren Feind" bildete von Anfang an ein

Quelle	Autor	Entstehungs-ort/Situation/ Zusammen-hang/Datum	Inhalt/Form	Zweck/ Absicht	Sprache/ Begrifflich-keit	Adressaten-kreis
M 4 a: Aufruf der Reichs-regierung, 1. Febr. 1933	Hitler als Reichs-kanzler	Öffentliche Ansprache zwei Tage nach der Ernennung Hitlers zum Reichskanzler, öffentliche Rede	Regierungs-erklärung zu allgemeinen Zielen der Politik, moderater, um Vertrauen werbender Ton	Stabilisierung der Macht, Werbung um Vertrauen der Bevölkerung, Herstellung einer Massen-basis	Auf umfassende Wirkung bedachte feierliche Rede	Gesamte deutsche Bevölkerung
M 4 b: Rede Hitlers vor Befehls-habern von Heer und Marine	Hitler als Reichskanzler	Vortrag vor ausgewähl-tem Kreis führender Militärs, interne Rede	Ausführliche, unverhüllte und wenig verstellte Darstellung der Regie-rungsziele	Vorbereitung und Einstimmung der Militärs auf die neue Regierung	Aufzählung, Stenogramm-stil	Militärelite

Kernelement der nationalsozialistischen Machteroberung und -erhaltung. Terror und Gewalt wurde dem NS-Regime nicht durch den Zwang zur „Gegnerbekämpfung" aufgenötigt, wie oft entschuldigend behauptet wurde. Die NS-Ideologie war eine reine Gewaltideologie, ihr ausführendes Organ im Inneren waren die Organe des „SS-Staates", wobei am Anfang der nationalsozialistischen Herrschaft durchaus improvisiert werden musste.

Zu Aufgabe 11, S. 27

Hintergrundinformation: Die „nationale Revolution", die Hitler propagierte, hatte eine antimarxistische Stoßrichtung. Sie zielte nicht auf die sozialistische Umgestaltung der wirtschaftlichen und sozialen Verhältnisse. Die Nationalsozialisten lehnten im Gegenteil Sozialismus und Kommunismus ab, weil diese Anschauungen nur Zwietracht ins deutsche Volk brächten, wie die Novemberrevolution 1918 gezeigt habe. Die von der NSDAP angestrebte nationale Revolution konnte nach ihrer Auffassung nur gelingen, wenn Staat und Gesellschaft nicht länger von Klassengegensätzen oder Interessenkonflikten bestimmt würden. Als Alternative zu sozialistischen und demokratischen Ordnungsvorstellungen formulierte die NS-Propaganda das Ideal der Volksgemeinschaft, in der alle sozialen Gruppen, sofern sie nicht zu den Gegnern zählten, zu einem einheitlichen Ganzen verschmolzen seien. In der Volksgemeinschaft sollten alle Berufsstände zum gemeinsamen Nutzen beitragen. Der „Volkswille" werde dabei vom Führer formuliert und jeder Einzelne habe sich dem Führerwillen bedingungslos unterzuordnen. Volksgemeinschaftsideologie und Führerprinzip ergänzten sich gegenseitig und wurden vom NS-Regime benutzt, um das Verbot von Interessengruppen, besonders der Gewerkschaften, und aller Parteien außer der NSDAP zu rechtfertigen und die Verfolgung politischer und anderer Gegner zu legitimieren. Geschickt machten die Nationalsozialisten in ihrer Propaganda die Parteienzersplitterung, vor allem aber die Gewerkschaften und Arbeiterparteien für die Schwäche Deutschlands im Ersten Weltkrieg sowie für die Wirtschaftskrise (seit 1929) verantwortlich.

Zu Aufgabe 12, S. 27

Vgl. die Erläuterung zu M 6.

M 7, S. 27 f.
Ermächtigungsgesetz

a) Aus dem „Gesetz zur Behebung der Not von Volk und Reich" (Ermächtigungsgesetz) vom 24. März 1933

Das so genannte Ermächtigungsgesetz besitzt folgenden zentralen Inhalt: Die Reichsregierung kann alle Gesetze (auch entgegen der Verfassung) beschließen, wenn sie die Rechte des Reichspräsidenten wahrt und die Einrichtungen Reichstag und -rat nicht antastet.

Die verfassungsrechtliche Bedeutung des Gesetzes besteht im Wesentlichen in folgenden Punkten:

- Ausschaltung des parlamentarischen Gesetzgebungsverfahrens, damit wird die Volksvertretung bedeutungslos;
- Aufhebung der Gewaltenteilung und damit der parlamentarischen Kontrolle über die Regierung: Regierungsdiktatur.

b) Aus der Regierungserklärung Adolf Hitlers vom 23. März 1933 zum Ermächtigungsgesetz

Die zentralen Argumente Hitlers für die Verabschiedung des „Ermächtigungsgesetzes" waren

- Maßnahmen der „Regierung der nationalen Erhebung" erfordern Verfassungsänderungen;
- die Zustimmung des Reichstages von Fall zu Fall würde Autorität und Ansehen der Regierung schaden;
- eine weitere Tagung des Reichstages ist unmöglich (revolutionäre Erregung);
- die souveräne Stellung der Regierung ist für eine ruhige Entwicklung Deutschlands notwendig;
- es gibt eine Bestandsgarantie für Reichstag, Reichsrat, die Rechte des Reichspräsidenten, der Länder und der Kirchen.

Zu Aufgabe 13, S. 28

Vgl. die Erläuterung zu M 7 a.

Zu Aufgabe 14, S. 28

Nach dem Grundgesetz der Bundesrepublik Deutschland stehen Gesetzgebung, Regierung und Rechtsprechung gleichrangig nebeneinander. Es gibt kein oberstes Staatsorgan. Das Bundesverfassungsgericht spricht sogar vom „Gleichgewicht staatlicher Gewalten". Im Vordergrund steht dabei nicht die Unterscheidung der einzelnen Funktionen (funktionale Gewaltenteilung), die auch in totalitären Staaten selbstverständlich ist, sondern die organisatorische Gewaltenteilung: Kraft der Verfassung selbstständige und voneinander unabhängige

Organe sind für die Ausübung der verschiedenen Funktionen, also Legislative, Exekutive, Judikative, zuständig.

In der Bundesrepublik Deutschland ist die Gesetzgebung Angelegenheit der Parlamentarier, die ein freies Mandat ausüben und rein rechtlich betrachtet völlig unabhängig nur ihrem Gewissen verpflichtet sind (Art. 38 Abs. 1 GG). Auch muss in jedem Fall der Bundespräsident mitwirken, der zumindest bei formellen Verstößen gegen das Grundgesetz die Ausfertigung zu unterlassen hat. Hinzu kommt die Gerichtskontrolle der Gesetzgebungsakte auf ihre Verfassungsmäßigkeit.

Im Unterschied zur Bundesrepublik Deutschland schaltete der NS-Staat im „Ermächtigungsgesetz" das Parlament als Gesetzgeber aus und hob damit die Gewaltenteilung auf. Die Regierung wurde nicht länger vom Reichstag kontrolliert, sondern konnte eigenmächtig handeln.

M 8, S. 28 f.
Aus der Rede Adolf Hitlers vor den Reichsstatthaltern vom 6. Juli 1933

Zum historischen Hintergrund: Im Sommer 1933 begann das NS-Regime mit der Parteienauflösung. Die KPD war praktisch schon durch die Reichstagsbrandnotverordnung vom 28. Februar und die durch sie begründete Aufhebung der Grundrechte „vernichtet", ohne dass es noch zu einem formellen Verbot kam. Als erste Partei war die SPD am 22. Juni zur volks- und staatsfeindlichen Organisation erklärt und verboten worden, nachdem bereits im Mai ihr Vermögen eingezogen worden war. Zu diesem Zeitpunkt bestand die Partei in vielen Städten kaum noch; ihre Funktionäre waren geflüchtet oder saßen in Konzentrationslagern. Die bürgerlichen Parteien mussten ihre Illusion von der Zähmung Hitlers erkennen und lösten sich Ende Juni/Anfang Juli selbst auf. Sie wichen dem Druck Hitlers, der trotz weitgehender Anpassungsbestrebungen auf der Ausschaltung aller konkurrierenden Parteien bestand. Ein Ende der Demokratie, das die Mehrzahl der bürgerlichen Parteien im Einverständnis mit Hitler gefordert hatten, war ohne die Beseitigung der viel gescholtenen Parteienzersplitterung der Weimarer Zeit eben nicht zu haben. Damit verblieb als einzige Partei die NSDAP. Sie wurde im „Gesetz zur Sicherung der Einheit von Partei und Staat" vom 1. Dezember 1933 als alles beherrschende Staatspartei bestätigt. Der Reichstag war nunmehr theatralische Kulisse für die Reden des Führers.

Zur Quelle: Die Rede enthält folgende zentrale Aussagen:
- Die Auflösung der Parteien ist ein Meilenstein bei der Beseitigung der Demokratie.
- In allen Organisationen auf kommunalem und wirtschaftlichem Gebiet müssen demokratische Verfahren ebenfalls aufgehoben werden.
- In allen Gremien müssen Einzelpersönlichkeiten das Sagen haben (Führerprinzip).
- Das NS-Regime muss jetzt seine alleinige Macht zur Erziehung der Menschen nutzen.
- Partei und Staat sind identisch.
- Die „nationale Revolution" ist erfolgreich durchgesetzt und muss nun evolutionär weiterentwickelt werden.

Zu Aufgabe 15, S. 29
Vgl. die Erläuterung zu M 8.

Zu Aufgabe 16, S. 29
Vgl. den Darstellungstext im SB, S. 56 f.

Zu Aufgabe 17, S. 29
Als Grundlage für eine differenzierte Diskussion des Verhältnisses von Revolution und Evolution im NS-Regime bietet sich der folgende Text an, der zur Vertiefung bzw. Ergänzung der Materialien herangezogen werden kann:

„Das Spezifische der ‚legalen Revolution' Hitlers lag allerdings nicht allein darin, dass vorhandene Bürokratien durchdrungen, umorientiert und benutzt wurden, allerdings dabei auch noch für geraume Zeit Freiräume bargen, die zumindest in begrenztem Maße Gelegenheit für eigenständige, sich dem Regime entziehende und verweigernde Aktivitäten beließen. Charakteristisch für den am 14. Juli 1933 proklamierten ‚Einparteistaat', in dem das Ämterchaos die Grundlage und das Mittel des stets in maßgeblichen Fragen dominierenden Führerwillens bildete, war vielmehr die Tatsache, dass sich das Revolutionäre der ‚Machtergreifung' im Gewande der Tradition vollzog. Das Nebeneinander von überkommen und neuen Elementen, von Überlieferung und Revolution, von Legalität und Terror kennzeichnete die ‚nationale Erhebung' der Nationalsozialisten. In diesem Sinne wurden ‚Machtergreifung' und ‚Gleichschaltung',
1. durch die Nutzung legaler Mittel,
2. durch ständiges Ausweiten der legalen Möglichkeiten,
3. durch Schaffung neuer Instanzen und

4. durch organisierte und spontane Aktionen von unten, von der Straße her unter Anleitung nationalsozialistischer Führer' [...] langfristig entworfen und improvisiert verwirklicht. Insofern handelt es sich bei Hitlers ‚Machtergreifung' um einen tief greifenden, in seinen politischen, sozialen und wirtschaftlichen Auswirkungen teilweise erst Jahre später erkennbar werdenden Vorgang der innen- und außenpolitischen Umgestaltung eines Verfassungs- und Rechtsstaates zu einem totalitären ‚Doppelstaat'. Er bewahrte die Werkzeuge des hergebrachten ‚Normenstaates' so weit, wie er ihm für die Erreichung seiner nicht zuletzt weltanschaulich entworfenen Ziele dienlich und als Maske willkommen war. Dahinter aber verbarg sich die andere, für die Geschichte des Dritten Reiches bestimmende Seite des terroristischen ‚Maßnahmestaates' und blieb doch genügend deutlich erkennbar, um stets drohend gegenwärtig zu sein.

Alles in allem handelte es sich bei der nationalsozialistischen ‚Machtergreifung' um eine ‚jener neuartigen Revolutionen des 20. Jahrhunderts, die bewusst und betont mit neuartigen Mitteln des Terrors, der Massensuggestion und -kommunikation, der Kontrolle und des Zwanges' [...] arbeiten. Dabei versprach die Parole von der ‚nationalen Erhebung' der Bevölkerung und ihren Führungsschichten Befreiung von der für das Deutsche Reich allgemein als außenpolitische Schmach und Demütigung empfundenen Friedensordnung von Versailles. Und der Tatbestand einer sich scheinbar legal vollziehenden Revolution vermied es, gerade einem damals den Werten von Ordnung und Gesetz so anhängenden Volk wie den Deutschen als Rechtsbruch verdächtig zu werden. Dadurch, dass Recht im Namen des Gesetzes gebrochen wurde, erhielt die ‚Machtergreifung' den Verwirrung stiftenden und Vertrauen heischenden Schein der Legalität, hinter dem Hitlers totalitäre Diktatur errichtet wurde. Das Rezept des nationalsozialistischen Erfolges bestand darin, mit dem Terror zu drohen und ihn auch tatsächlich dort einzusetzen, wo die bis zum Äußersten ausgedehnten Mittel der Legalität und die große Bereitschaft des deutschen Volkes zur Anpassung an eine grundlegende Umgestaltung des parlamentarischen Verfassungsstaates nicht mehr ausreichten."
(Klaus Hildebrand, Das Dritte Reich, Oldenbourg, München ⁵1995, S. 21 f.)

M 9, S. 28
Staatsstruktur des NS-Staates

Das Schema lässt folgende wesentliche Strukturprinzipien des nationalsozialistischen Führerstaats erkennen:
- Konkurrenz staatlicher Normen (Gesetze, Verwaltungsvorschriften) und Parteinormen (NS-Weltanschauung, „Führer"-Normen/Erlasse)
- Konkurrenz zwischen Trägern von Staatsämtern und Trägern von Parteiämtern mit gleichem Aufgabenbereich
- Unklarheiten von Kompetenzabgrenzungen – letztlich ist immer ein „Führer"-Entscheid nötig

M 10, S. 29
Der Staatsrechtler Ernst Forsthoff über den NS-Staat (1933)

Zur Person: Der Staats- und Verwaltungsrechtler Ernst Forsthoff (1902–1974) propagierte in seinem 1933 veröffentlichten Buch „Der totale Staat" das Führerprinzip und bezeichnete die Juden als Feinde, die unschädlich gemacht werden müssten. Forsthoff hatte Lehrstühle in Hamburg, Königsberg, Wien und Heidelberg inne. Von 1949–1967 lehrte er erneut in Heidelberg. In den Jahren 1960–1963 war er Präsident des obersten Verfassungsgerichts Zyperns.

Zur Quelle: Nach Forsthoff ist der NS-Staat durch folgende wesentliche Prinzipien gekennzeichnet:
- Verbindung von NS-Führungsordnung mit traditioneller Verwaltung
- Übernahme des leitenden Staatsamtes durch den Führer
- Berufung der NS-Führungsschicht in die wichtigsten Staatsämter
- organisatorische Verbindung von Staats- und Parteiämtern
- einheitliche Ausrichtung von Staat und Partei auf ein Ziel
- reibungslose Zusammenarbeit von Staat und Partei
- geistig-politische Einheit von Staat und Partei durch Ausrichtung allen Handelns auf Weltanschauung und Programm der NSDAP
- Führerstaat ist neuartige Staatsform

M 11, S. 29
Die Organisation der SS

Mit Hilfe des Schemas lässt sich der Begriff des „SS-Staates" veranschaulichen: Keine Organisation verfügte zwischen 1933 und 1945 über einen derart gut organisierten Überwachungs- und Terrorapparat wie die SS. Weil diese NS-Organisation alle anderen staatlichen und militärischen Institutionen an Macht übertraf, wird die Nazi-Diktatur auch als SS-Staat bezeichnet. Und der SS wurden alle die Aufgaben übertragen, auf die es Hitler ankam: die Sicherung der Macht in Deutschland und während des Krieges in den besetzten Gebieten sowie die Verfolgung und Vernichtung der Gegner. Die SS war daher die eigentliche Exekutive des Führers. Die 1925 ins Leben gerufene SS (Schutzstaffel) war ursprünglich eine Art Parteipolizei, die Himmler seit 1929 befehligte. Im Januar 1933 umfasste sie 56 000 Mann. Eine der zahlreichen Unterorganisationen bildete der „Sicherheitsdienst/SD" unter Reinhard Heydrich (1904–1942), der geheime Nachrichten über politische Gegner sammelte und oppositionelle Parteimitglieder überwachte. Nach der Übernahme der Konzentrationslager von der entmachteten SA im Sommer 1934 konnte Himmler seine Macht weiter vergrößern: Seit Juni 1936 war er Chef der SS und der allgemeinen Polizei. Aufgrund der personellen und institutionellen Verschmelzung dieser Machtapparate besaß er damit die Möglichkeit, den Terror gegen die Regimegegner bürokratisch zu organisieren und außerhalb der Legalität durchzuführen.

Die sich als Elite verstehende SS baute ihre Organisation in zahlreichen Unterorganisationen ständig aus und stellte auch eigene bewaffnete Verbände auf. Die SS-Totenkopfverbände übernahmen die Bewachung der Konzentrationslager. Aus den SS-Verfügungstruppen entstanden modern bewaffnete Divisionen, die im Krieg dann zur Waffen-SS ausgebaut wurden.

Die Nationalsozialisten unterstellten nach ihrer Machtübernahme die politische Polizei der Länder dem Reich. Im April wurden diese Einheiten der neu gebildeten Geheimen Staatspolizei/Gestapo untergeordnet. Seit April 1934 lag die Befehlsgewalt über die Gestapo in den Händen von Himmler. Im Jahre 1936 organisierte Hitler diese Behörde völlig um: Die regionalen Gestapo-Stellen erhielten nun ihre Weisungen direkt von der Berliner Leitung des „Reichsführers SS und Chefs der deutschen Polizei im Reichsministerium des Innern". Das bedeutete keine Kontrolle Himmlers durch den Reichsinnenminister. Im Gegenteil: Es brachte eine Erweiterung seines Machtbereiches durch Übernahme von Funktionen, die bis dahin dem Innenminister zugestanden hatten. Die Verzahnung von staatlicher Verwaltung und SS wurde mit der Einrichtung des Reichssicherheitshauptamtes/RSHA am 17. September 1939, kurz nach Kriegsbeginn, weiter vorangetrieben. Das Reichssicherheitshauptamt nahm unter anderem

die Aufgabe wahr, die so genannte „Gesamtlösung der Judenfrage" umzusetzen. Die konkrete Durchführung lag bei den lokalen Polizeibehörden.

Zu Aufgabe 18, S. 29
Vgl. die Erläuterung zu M 10.

Zu Aufgabe 19, S. 29
Der NS-Staat bevorzugte einen opportunistischen und prinzipienlosen Umgang mit dem bisherigen Recht. Wenn einzelne Rechtsnormen den Nazis nutzten, wurden sie angewandt. Das sicherte ihrer Politik den Anschein von Legalität. Waren gesetzliche Bestimmungen jedoch hinderlich, wurden sie umgangen, ignoriert oder einfach fallen gelassen. Ernst Fraenkel (1898–1975), ein emigrierter Rechtsanwalt und Politikwissenschaftler, hat daher bereits 1941 von einem Nebeneinander von Normen- und Maßnahmestaat gesprochen: In der NS-Diktatur wurde das bestehende Recht nicht abgeschafft, sondern zunehmend ausgehöhlt und überlagert von den diktatorischen Maßnahmen des Führers. Sein Wille war nach nationalsozialistischer Auffassung allgemein verbindliches Recht.

Zu Aufgabe 20, S. 29
Vgl. die Erläuterungen zu M 9 und M 10 – Der entscheidende Unterschiede besteht darin, dass das Schema in M 9 die Konkurrenz zwischen Partei und Staat sowie den Kompetenzwirrwarr herausstellt, während M 10 die Einheit von Staat und Partei betont.

Zu Aufgabe 21, S. 29
Didaktisch-methodischer Hinweis: Als Ausgangspunkt für die Diskussion der Wirkungen des Nebeneinanders von Staats- und Parteiorganisation bietet sich SB M 10 b, S. 17, an (s. Erläuterung zu M 10 b). Angesichts der Konkurrenz zwischen Partei und Staatsämtern und fehlender Kompetenzabgrenzungen konnte die Losung „Dem Führer entgegen zu arbeiten" eine buchstäbliche Bedeutung erlangen. Besonders dem riesigen Apparat von SS und Polizei z. B. eröffneten die Aufgaben in Verbindung mit dem Führerauftrag einen grenzenlosen Spielraum für barbarische Unternehmen und gleichzeitig den Weg zu Macht, Status und Bereicherung. In dem Nebeneinander von Partei und Staat liegt daher eine entscheidende Ursache für die Radikalisierung der NS-Politik.

Zu Aufgabe 22, S. 29
Vgl. die Erläuterung zu M 11.

Zu Aufgabe 23, S. 29

Vgl. die Erläuterung zu M 11.

M 12, S. 30
„Machtübertragung", „Machtergreifung"
oder „Revolution"?

Der Text in M 12a legt den Akzent auf den Zusammenhang zwischen der NS-Bewegung und Kapital-/Industriegruppen. Die NS-Diktatur wird danach als terroristische Herrschaft des Großkapitals mit aggressiver bzw. imperialistischer Ausrichtung nach außen begriffen. Dem Nationalsozialismus fehlt nach dieser Definition die politische Eigenständigkeit. Er gilt vielmehr als Erfüllungsgehilfe der Großbourgeoisie, die ihm die Macht übertragen hat.

Dagegen betont der Text in 12 b die relative politische Autonomie der NS-Bewegung. Nach dieser Interpretation verhalf eine winzige Minderheit der konservativen Weimarer Machtelite, die Papen-Hugenberg-Hindenburg-Gruppe, Hitler und der NSDAP zur Regierungsmacht. Diese nutzten ihre Chance und ergriffen die Macht bzw. bauten ihre Machtposition schrittweise zur Alleinherrschaft aus. Der Text in M 12c nimmt die Ziele und Wirkungen des Nationalsozialismus in den Blick. Dabei wird der NS-Politik revolutionärer Charakter zugesprochen: Sie hat den Prozess der sozialen Beteiligung aller Schichten an der politischen Elite beschleunigt und daher das soziale Gefüge von Grund auf verändert.

Zu Aufgabe 24, S. 30

Vgl. die Erläuterung zu M 12.

Zu Aufgabe 25, S. 30

Didaktisch-methodischer Hinweis: Außer den in dieser Aufgabe angegebenen Materialien bietet der zusätzliche Text in der Erläuterung zu Aufgabe 17, S. 29, weitere Argumentationshilfen für eine differenzierte Argumentation, die das konkrete Mischungsverhältnis von traditionalen und revolutionären Elementen in der NS-Politik herausarbeiten sollte.

Zu Aufgabe 26, S. 30

Die Materialien SB M 8, S. 28 (s. Erläuterung, S. 27) und M 10, S. 29 (s. Erläuterung, S. 28), lassen folgende wesentliche Unterschiede erkennen: Nach SB M 8, S. 28, besteht die „nationale Revolution" in der Verschmelzung von Partei und Staat. Sie ist mit der Beseitigung aller Überreste der Demokratie bzw. der Durchsetzung des Führerprinzips in allen gesellschaftlichen Bereichen abgeschlossen. Danach kommt es darauf an, diesen Zustand durch die Er-

ziehung der Menschen zur NS-Staatsauffassung zu perfektionieren. Die „nationale Revolution" ist also kein permanenter Zustand. Dagegen begreift SB M 10, S. 29, die „nationalsozialistische Revolution" als neuartiges politisches System, das dauerhafte Geltung beanspruchen sollte. Unter „nationalsozialistischer Revolution" wird dabei die Integration der in der Kampfzeit entwickelten Führungsordnung der nationalsozialistischen Partei in die überkommene staatliche Ordnung verstanden.

M 13, S. 32
Meldung aus den
Münchner Neuesten Nachrichten
vom 21. März 1933

Im Februar 1933 hatte Heinrich Himmler das Münchener Polizeipräsidium übernommen (Leiter seiner politischen Abteilung: Reinhard Heydrich). Funktionäre der KPD, teilweise der SPD werden als Gefahr für die Staatssicherheit verhaftet. Um eine Überfüllung der Untersuchungsgefängnisse zu vermeiden, werden sie zusammengezogen, damit sie sich im Dachauer Moos ein Lager errichten.

Die „nationale Bevölkerung" (d.h. NS-Anhänger und alte Eliten) wird in der Zeitungsmeldung beruhigt, dass es „nur" gegen „Marxisten" geht. Aber auch Katholiken wird versichert, die Oppositionellen Gerlich („Der gerade Weg") und von Aretin (bayerischer Monarchist) würden menschlich korrekt behandelt.

Das Ziel dieser Pressemeldung besteht darin, die politischen Gegner abzuschrecken und die NS-Anhänger zu beruhigen.

M 14, S. 32 – 34
Zur Entwicklungsgeschichte
der Konzentrationslager

Der Text enthält folgende zentrale Aussagen über die Entwicklungsgeschichte der Konzentrationslager:

– Konzentrationslager sind weder eine deutsche noch eine nationalsozialistische Erfindung.
– Die von 1933 bis 1935 in Deutschland errichteten nationalsozialistischen Konzentrationslager unterschieden sich von ihren Vorläufern dadurch, dass ihre Insassen ausschließlich politische Gegner der Nazis waren. Bewacht wurden sie nicht von Mitarbeitern staatlicher Organe, sondern von den dafür nicht zuständigen Parteiorganisationen SS und SA, ab 1934 ausschließlich von der SS. Der Staat besorgte und finanzierte allerdings die SS-Wachmannschaften.

– Waren die ersten Konzentrationslager in ehemaligen Kasernen, Fabriken oder Schiffen untergebracht, entstanden in der Zeit von 1936 bis 1939 größere Lager. Außer politischen Häftlingen wurden nun auch angebliche „Asoziale" und „Berufsverbrecher" sowie Homosexuelle, Sinti und Roma, Juden und Zeugen Jehovas inhaftiert. Sie alle mussten in SS-Betrieben Zwangsarbeit leisten.

– Mit Beginn des Zweiten Weltkrieges 1939 gründeten die Nazis neue Konzentrationslager innerhalb und außerhalb des Reichsgebietes. Die Mehrheit der Insassen waren nun nicht länger deutsche, sondern ausländische Staatsbürger aus den besetzten Gebieten. Zu ihnen gehörten politische Häftlinge, sowjetische Soldaten, Zwangsarbeiter, Sinti und Roma, vor allem aber Juden, von denen die meisten sofort ermordet wurden. Eigens für diesen Zweck richteten die Nazis zwischen 1941 und 1944 Vernichtungslager ein; das größte war Auschwitz.

– Außer den Konzentrationslagern gab es noch andere NS-Zwangslager wie „Zigeunerlager", „Jugendschutzlager" und „Arbeitserziehungslager".

M 15, S. 33
Folter im KZ Buchenwald,
Fotografie,
um 1939

Das Foto dokumentiert die Barbarei der Nazis in den Konzentrationslagern. Die Häftlinge waren ihren Bewachern schutzlos ausgeliefert. Diese besaßen absolute Macht über die Inhaftierten, die sie willkürlich quälten und folterten.

M 16, S. 34
Konzentrations- und Vernichtungslager
1933–1945

Die Karte lässt erkennen, dass die Vernichtungslager in Polen in den Grenzen des Rigaer Friedens von 1921 lagen. Dieses Gebiet hatte die höchste Siedlungsdichte an osteuropäischen Juden.

Zu Aufgabe 26, S. 34

Vgl. die Erläuterung zu M 13.

Zu Aufgabe 27, S. 34

Vgl. die Erläuterungen zu M 14 bis 17. – Zusammenfassend lässt sich die Bedeutung der Konzentrationslager so charakterisieren: Konzentrationslager bildeten die eigentlichen Terror- und Zwangsinstrumente des NS-Regimes. Konzentrationslager waren in der Regel Massenlager, in denen Menschen aus politischen, religiösen, rassischen oder anderen Gründen eingesperrt, misshandelt und ermordet wurden. Die Lager dienten den Nationalsozialisten zur Einschüchterung, Ausschaltung und Vernichtung ihrer „Feinde". Von 1941 an wurden Vernichtungslager eingerichtet, die der bürokratisch organisierten Tötung der Juden und anderer als „minderwertig" betrachteter Menschen dienten. Arbeitsfähige KZ-Häftlinge mussten Zwangsarbeit leisten oder wurden zu Sklavenarbeiten verpflichtet.

M 17, S. 35
Zählappell in einem Konzentrationslager,
Fotografie, um 1934

Das Bild kann ergänzend zu M 15 eingesetzt werden.

Notizen

Kapitel 4:
Herrschaft durch Propaganda und Erlebnisangebote?

Hinweise zur Arbeit mit den Materialien
Siehe den Kasten im Schülerband S. 37.

M 1, S. 36
„Ganz Deutschland hört den Führer", Werbeplakat, 1936

Der Rundfunk galt Reichspropagandaminister Joseph Goebbels als das „allermodernste" und „allerwichtigste Massenbeeinflussungsinstrument". Aus diesem Grunde baute das NS-Regime das Medium rasch aus. 1938 erreichte die Rundfunkdichte auf 1000 Einwohner 134 Rundfunkgerätebesitzer, mit wachsender Tendenz während des Weltkrieges. Die Entwicklung des preisgünstigen „Volksempfängers", der im Volksmund auch „Goebbels Schnauze" genannt wurde, der 1938 eingeführte „Deutsche Kleinempfänger" und die Möglichkeit von „Gemeinschaftsempfängern" in Betrieben oder Parteilokalen bei wichtigen Anlässen erlaubten zwar noch keine flächendeckende, aber doch weit fortgeschrittene Berieselung der Bevölkerung. Nicht vergessen werden sollte, dass weder der „Volksempfänger" noch der „Kleinempfänger" den Empfang von „Feindsendern" zuließ. Besonders im Kriege entwickelte sich der Rundfunk zum beherrschenden Medium, um die Bevölkerung im Sinne des Regimes zu beeinflussen, sie von ihren Alltagssorgen abzulenken und ihren Durchhaltewillen zu stärken.

M 2, S. 37
Adolf Hitler über Propaganda (1925)

Der Text lässt folgende wesentliche Bedeutung der Propaganda in Hitlers Weltanschauung erkennen:
– Zielgruppe: die „große Masse", nicht „Gelehrte"
– Mittel:
  – Volkstümlichkeit
  – Ansprechen des „Gefühls", der „gefühlsmäßigen Vorstellungswelt"
  – Orientierung am „Erfolg"
  – Ausrichtung an der Fassungskraft des Beschränktesten, daher wenige Punkte, Schlagworte
  – Vermittlung von Willen und Kraft

Zu Aufgabe 1, S. 37
Vgl. den Darstellungstext im SB S. 36 und die Erläuterung zu M 2.

M 3, S. 37 f.
Sprachbilder und Inszenierungen der NS-Propaganda

Mit Hilfe des Textes lassen sich folgende wesentliche Elemente der NS-Sprache herausarbeiten:
– Herausstellung Hitlers als „Führer", „Erwecker" oder „Erlöser",
– Aufwertung und sakrale Überhöhung des „Dritten Reiches" zum absoluten Höhepunkt der deutschen Geschichte bzw. zum Heilsbringer,
– Verklärung der heroischen und idyllischen Zeiten germanisch-deutscher Vergangenheit,
– Ästhetisierung des Erscheinungsbildes von Partei und „Führer",
– Vermittlung von erhebenden Gefühlen des Auserwähltseins und eines höheren deutschen Rechtsanspruches durch die Blut-und-Boden-Ideologie,
– Darstellung des gesamten Lebens als Kampf.
Der Text lässt folgende zentrale Funktionen des NS-Sprache erkennen:
– instrumenteller Charakter der Sprache und Propaganda,
– Einhämmern der NS-Ideologie,
– Verhinderung rationaler Kritik an NS-Weltanschauung bzw. Wecken blinden gefühlsmäßigen Vertrauens in Partei und „Führer",
– Mobilisierung der Massen für Nationalsozialismus bzw. gegen die „Feinde" der Nationalsozialisten.
Der Satz, dass die Sprache der Nationalsozialisten „überwältigen statt überzeugen" wollte (SB Zeile 15 f., M 3, S. 37), fasst Hitlers Überlegungen zur Theorie und Technik politischer Propaganda präzise zusammen: Ihm ging es nicht um eine rationale Auseinandersetzung um den richtigen Weg in die Zukunft. Im Gegenteil: Er wollte die gefühlsmäßigen Sehnsüchte und Hoffnungen des Volkes begreifen und ansprechen, um so die Aufmerksamkeit und die Herzen der Masse zu erreichen. Für Hitler bestanden, wie er in „Mein Kampf" schrieb, „die großen magnetischen Kräfte, die allein Massen anziehen", in Heftigkeit, Leidenschaftlichkeit und Fanatismus. Dabei war er fest davon überzeugt, dass „Völkerschicksale [...] nur ein Sturm von heißer Leidenschaft zu wenden" vermag.

M 4, S. 38
Plakat der NSDAP, ca. 1936

Zum Begriff der „Volksgemeinschaft": s. SB S. 154

Zur Quelle: Das Plakat besteht aus drei Elementen: Die Aufmerksamkeit wird zunächst auf die junge Familie mit ihren drei Kindern gelenkt, die Glück, Zufriedenheit und Vertrauen ausstrahlt. Auf diese Weise soll ein zentraler Bestandteil des NS-Volksgemeinschaftsideologie transportiert werden, nach der die „Familie als Keimzelle unseres Volks- und Staatskörpers" unter dem besonderen Schutz der Nationalsozialisten stehe (s. SB M 4, S. 24, Zeile 17 ff.). Der Adler im Hintergrund symbolisiert sodann Kraft, majestätische Größe und Wehrhaftigkeit. Dadurch wird die Auserwähltheit des deutschen Volkes im Kampf um die Zukunft unterstrichen. Schließlich soll die Schrift sowohl die Identifizierung von NSDAP und Volksgemeinschaft suggerieren als auch Vertrauen in die NS-Führung vermitteln.

Zu Aufgabe 2, S. 38
Vgl. die Erläuterung zu M 3.

Zu Aufgabe 3, S. 38
Vgl. die Erläuterung zu M 3.

Zu Aufgabe 4, S. 38
Vgl. die Erläuterung zu M 4.

Zu Aufgabe 5, S. 38
Der Begriff „Volksgemeinschaft" lässt sich dem Sprach- und Inszenierungsbereich Blut-und-Boden-Ideologie zuordnen, mit deren Hilfe die Nationalsozialisten die „Volksgemeinschaft" als „natürliche" Lebensordnung im Staate auszugeben versuchten.

M 5, S. 38
Baldur von Schirach, „Hitler", ca. 1938
Zur Person: s. SB S. 157
Zur Quelle: Hitler, das lyrische Ich, spricht mit seiner Gefolgschaft, die gleich in der ersten Zeile einen eindeutigen Platz zugewiesen bekommt – hinter ihm. Das zentrale Motiv jedoch ist der absolute Gleichklang von Führer und Gefolgschaft: Hitler gibt der Masse Sprache, sagt, was sie nicht auszudrücken vermag, sondern nur dumpf fühlt, fasst in Worte, was sie will. Das Denken aller kreist um Deutschland.

M 6, S. 39
Friedrich Joachim Klähn, „Führer", ca. 1938
Ähnlich wie im Gedicht Schirachs (SB M 5, S. 38) steht auch hier die absolute Übereinstimmung von Führer und Gefolgschaft im Mittelpunkt. Die Perspektive ist allerdings eine andere: in diesem Gedicht spricht die Gefolgschaft.

M 7, S. 39
Erwin Guido Kolbenheyer, „Der Führer", ca. 1939
Zur Person: Erwin Guido Kolbenheyer (1878–1962) beschwor in seinen Werken die deutsche Vergangenheit und vertrat eine biologistische Weltanschauung: Der Einzelne müsse sich seiner Art und seinem Volk eingliedern – von dieser Sicht zum Nationalsozialismus war es nicht weit.
Zur Quelle: Nicht das Einssein von Führer und Gefolgschaft, wie bei den vorangegangenen Gedichten (SB M 5, S. 38, M 6, S. 39), steht im Vordergrund, sondern der heroische Führer, der sein Volk ins Licht führen wird. Der Führer ist ein Mann der Tat, ohne überflüssige Worte, mit soldatischen Tugenden. Das Volk dagegen hat keinen eigenen Willen, kein eigenes Denken; neues Leben kann ihm nur der Führer einhauchen – er wird es zum Führervolk erwecken, erschaffen. Wie Gott erschafft der Führer sein Volk, erinnert es an ruhmvolle alte Zeiten durch die Erinnerung an Bismarck („Blut und Eisen").
Doch der Führer geht seinen Weg nicht aus Eigennutz und Machtverlangen, sondern aus Pflichtbewusstsein und weil das Schicksal ihn dazu bestimmt hat. Er tritt einen Opfergang an, stellt seine eigenen Wünsche zurück, mutet wie der christliche Messias an, der sich im Auftrag von Gottvater für die Menschheit opfert. Diesen Opfergang tritt er als Soldat an und er dankt Gott für die von ihm geschenkten soldatischen Tugenden, die es ihm erlauben, das Volk zu führen.
Die Bedeutung der soldatischen Tugenden wird durch die militaristische Wortwahl des Gedichtes unterstrichen. Die Rolle des Führers und des ausgewählten Volkes wird als von Gott gewollt herausgestellt.

M 8, S. 39
Gerhard Schumann, „Die Lieder vom Reich", VI. und VII. Sonett, 1935
Zur Person: Gerhard Schumann, geb. 1911, studierte Germanistik, war SA-Mitglied, schrieb Gedichte und Dramen, arbeitete u. a. in der Reichsschrifttumskammer und als Dramaturg; nach 45 bot er als Verleger NS-Autoren Publikationsmöglichkeiten.
Zur Quelle: Die beiden Gedichte sind Teile eines Sonettenkranzes. Das Sonett VI behandelt die Zeit vor

1933 (Arbeitslosigkeit, Hoffnungslosigkeit, Radikalisierung), Sonett VII die „Machtergreifung". Im Sonett VI betonen die beiden Quartette die bedrückende Natur eines schwülen Mittags, die Knechtschaft der Massen; die beiden Terzette rücken den Abend und das Aufbäumen (Ausrufe) in den Mittelpunkt. Die letzte Zeile gipfelt in einem Widerspruch in sich, nämlich dem Wunsch sowohl nach befreiender Knechtschaft durch den Führer als auch nach Unterwerfung.

In den Quartetten des Sonettes VII wird auf biblische Bilder zurückgegriffen: Der Führer ringt auf dem Berggipfel mit Gott; er beugt sich dem Schicksal, auserwählt zu sein, und akzeptiert seine Aufgabe nach schwerem innerem Kampf. Den verzweifelt im Tal ausharrenden Massen bringt er die Erlösung, das Licht. Seinem Licht folgt die Sonne als lebensspendendes Element der Natur und bringt nun auch dem Reich Leben.

Die beiden Sonette folgen somit einem Spannungsbogen, der von der Düsterkeit und Schwere des Tages über die Dunkelheit und inneren Kämpfe der Nacht in das verheißungsvolle Licht der anbrechenden Zukunft reicht.

Die gemeinsame Intention der Gedichte von Kolbenheyer (SB M 7, S. 39) und Schumann (SB M 8, S. 39) ist das religiöse Motiv des Auserwähltseins des Führers, der nach schwerem innerem Kampf sein Schicksal annimmt und sein Volk in eine lichte Zukunft führt.

Zu Aufgabe 6, S. 40

Vgl. die Erläuterungen zu M 5 bis M 8.

Zu Aufgabe 7, S. 40

Indem die Gedichte (SB M 5 bis M 8, S. 38 f.) den Führermythos beschwören, dienen sie indirekt auch der „Gehorsamsunterweisung". Denn der Führermythos bzw. das Führerprinzip (s. SB S. 152) geht von der Identität von Führer und Gefolgschaft aus. In der Praxis bedeutete das die Unterwerfung bzw. blinden Gehorsam auf Seiten der Gefolgschaft.

Zu Aufgabe 8, S. 40

Angestrebt wird eine offene Diskussion.

M 9, S. 40
„Stählerne Romantik"

Zur Kulturpolitik von Goebbels: Reichspropagandaminister Goebbels verfolgte das Ziel der Revolutionierung des Staatsgefühls. Es ging ihm darum, die Freiheit der Nation vor die des Einzelnen zu stellen.

Daraus folgte für die Kultur: Kulturprodukte mussten sich dem Ziel der Freiheit der Nation fügen bzw. zu dessen Erreichung beitragen. Demnach wurde Kultur als schöpferische Kraft des Volkes gesehen, daher musste das Ziel des Kulturproduzenten die Einheit mit dem Volk sein. Der Staat fungierte dabei als Kontrolleur des Einheitswillens.

Zur Quelle: Der Begriff der „stählernen Romantik" bei Goebbels lässt sich zum einen negativ bestimmen. Er richtet sich gegen eine Lebens- und Weltsicht, die vor den Anstrengungen des Daseins flieht und sich eine ferne, harmonische und friedliche Zukunft erträumt. Eine derartige Weltflucht lehnt Goebbels ab; sie erscheint ihm als zermürbende Schlaffheit. Zum anderen bedarf der Begriff der „stählernen Romantik" einer positiven Bestimmung. Das geschieht bei Goebbels jedoch nicht in Form einer präzisen Definition, sondern durch vielfältige Umschreibungen der NS-Ideologie vom Leben als ständigem Kampf. Diese Ideologie schlägt sich in Formulierungen wie „heroische Lebensauffassung", „Marschtritt brauner Kolonnen" und „Härte des Daseins" nieder.

Zu Aufgabe 9, S. 40

Vgl. die Erläuterung zu M 9.

M 10, S. 40
Ernst Barlach (1870–1938),
Der lesende Klosterschüler,
1930

Zur Person: Ernst Barlach zählte zu den herausragenden Bildhauern des Expressionismus. Seine Werke, die auch politische Appelle sein sollten, zeigten den Menschen unter dem Eindruck von Krieg, Religion und Geistigkeit. Holz war vor Stein und Ton das bevorzugte Material. In dieser Wahl äußerte sich auch die Begeisterung für die so genannte primitive Kunst aus Afrika und Ozeanien. Die Nationalsozialisten betrachteten das Werk Barlachs als „entartete Kunst".

Zur Quelle: Charakteristisch für das NS-Kunstverständnis waren idealisierende und entindividualisierende Porträtbüsten oder Monumentalplastiken, die sich durch ein kaltes und hohles Pathos auszeichneten. Herrische Männergestalten, muskelbepackte Helden, pflügende Bauern und kämpfende Soldaten sollten Stolz und Stärke des „wiedererstandenen" Deutschlands und dessen Leitbilder dokumentieren. In der Plastik Barlachs findet sich von dieser Ästhetisierung von Macht und Herrschaft nichts. Sein „lesender Klosterschüler" entspricht in keiner Weise dem NS-Ideal vom nordischen Menschen, der das

Fundament einer neuen „Herrenrasse" bilden sollte. Im Gegenteil: Der „lesende Klosterschüler" ist ein in sich gekehrter, nachdenklicher, religiöser Mensch, der sich die Welt durch Lesen und Kontemplation erschließt. Ihn kennzeichnen also Eigenschaften, die den nationalsozialistischen Werten und Normen widersprechen. Insofern lässt sich durchaus die These vertreten, dass die Plastik Barlachs gegen die NS-Ideologie protestierte.

Zu Aufgabe 10, S. 40
Vgl. die Erläuterung zu M 10.

M 11, S. 41
Fest- und Feiertagsveranstaltungen im „Dritten Reich"

Der Text lässt folgende zentrale Ziele der NS-Propaganda erkennen:
– Schaffung von „Volksgemeinschafts"-Erlebnissen, d. h., der Bevölkerung sollte das Gefühl einer verschworenen Schicksalsgemeinschaft zwischen Volk und Führung vermittelt werden;
– Propagierung und Einübung von Tugenden des „neuen Menschen": Arbeitsdisziplin, Körperbeherrschung, Eingliederung bzw. Unterwerfung unter die Volksgemeinschaft.

Der Text nennt zahlreiche Mittel des NS-Propaganda:
– Großkundgebungen
– Gelöbnisse
– Körperrituale
– Morgenfeiern, Heimatabende, Dorfgemeinschaftsfeiern, Schul- und Betriebsfeiern
– Aufmärsche, Appelle, Versammlungen
– kultisch gestaltete Parteitage
– Freizeitveranstaltungen
– nationale Feiertage und Heldengedenktage

M 12, S. 41
Festumzug der NSDAP in Uelzen (Niedersachsen), Fotografie, um 1936

Das Foto veranschaulicht, wie propagandistische Meinungslenkung und Indoktrination in der NS-Diktatur auch Alltag und Freizeit durchdrungen haben. Selbst bei lokalen Festen demonstrierte die NSDAP ihre Allgegenwart. Das Volk bildete dabei lediglich die Kulisse für die Selbstdarstellung der Partei. Der Bevölkerung fiel dabei die Aufgabe zu, der Partei und ihrer Führung zu huldigen. Wie stark der Alltag mit visuell herausgehobenen Propagandahandlungen durchsetzt war, um das Gefühl einer verschworenen Schicksalsgemeinschaft zwischen Volk und

NS-Führung, aber auch Kraft und Gewalt zu demonstrieren, zeigt sich überdies am „Hitlergruß" mit dem hochgereckten Arm.

Zu Aufgabe 11, S. 41
Vgl. die Erläuterung zu M 11 und M 12.

Zu Aufgabe 12, S. 41
Die Vielfalt der von den Nationalsozialisten eingesetzten Progagandamittel verdeutlicht, wie sehr sich das NS-Regime bemühte, flächendeckend an jeden „Volksgenossen", ob jung oder alt, heranzukommen, um „Gemeinschaftserlebnisse" im Rahmen der „Volksgemeinschaft" zu schaffen. Das „Erlebnisangebot" entfaltete daher eine breit gefächerte Symbol- und Formierungspraxis, die im beruflichen Alltag wie in der Freizeit der Menschen wirksam wurde. All das diente dem Ziel, das Volk für die Idee des Nationalsozialismus zu mobilisieren und geschlossen hinter seine Führung zu scharen. Allerdings muss davor gewarnt werden, die Selbstdarstellung des NS-Regimes bereits für die Wirklichkeit zu halten. Anfälligkeit und Resistenz gegenüber der NS-Propaganda waren sehr unterschiedlich ausgeprägt und abhängig von der politischen Einstellung, dem sozialen, politischen oder konfessionellen Milieu, in dem die Menschen aufgewachsen waren und in dem sie lebten.

Notizen

35

Kapitel 5:
Im Zeichen des Krieges? Sozial- und Wirtschaftspolitik

Hinweise zur Arbeit mit den Materialien
Siehe den Kasten im Schülerband S. 45.

M 1, S. 44
Adolf Hitler spricht vor Rüstungsarbeitern, Fotografie, 1940

Das Bild lässt folgende wesentliche Ziele der NS-Politik erkennen:
- die herausragende Bedeutung der Rüstungswirtschaft bzw. Rüstungsarbeiter für die NS-Kriegspolitik;
- die Inszenierung des Führerkultes und Führerprinzips
  - der „Führer" befiehlt, die Arbeiter haben ihm zu huldigen und Gefolgschaft zu leisten (Hitlergruß)
  - der „Führer" ist der Masse entrückt (Podest)
  - zwischen „Führer" und Gefolgschaft besteht große Distanz (strenge Abschirmung durch Militärs und Leibwache)

M 2, S. 45
Aus dem Aufruf der Deutschen Arbeitsfront (DAF) „An alle schaffenden Menschen" vom 27. November 1933

Motiv:
- Schaffung einer Massenorganisation im wirtschaftlichen Bereich, die unter direkter Kontrolle der NSDAP und der NS-Führung steht

Ziele:
- Gleichschaltung aller Gruppen der deutschen Wirtschaft durch Einheitsmitgliedschaft aller „schaffenden Menschen" – Arbeiter und Unternehmer – in der DAF
- Erziehung aller im Arbeitsleben stehenden Menschen zur NS-Weltanschauung

Vorgehensweise:
- Gleichschaltung aller „schaffenden Menschen" in NS-Massenorganisation wird zum Führerwillen er- bzw. verklärt
- Regelung der Arbeitsbedingungen wie der materiellen Fragen wird auf spätere Zeit aufgeschoben

Bedeutung:
- die abhängig Beschäftigten besitzen keine eigenständige Vertretung mehr zur Artikulation und Durchsetzung ihrer Interessen, insofern bedeutet Gründung der DAF einen tiefen Einschnitt im Arbeitsleben von Arbeitern und Angestellten

Zu Aufgabe 1, S. 45
Vgl. die Erläuterung zu M 2.

Zu Aufgabe 2, S. 45
Vgl. die Erläuterung zu M 2.

M 3, S. 45 f.
Aus dem Gesetz zur Ordnung der nationalen Arbeit vom 20. Januar 1934

Das Gesetz hat folgende zentrale Konsequenzen für die Rolle von Unternehmern und Beschäftigten:
- Durchsetzung des Führerprinzips in den Betrieben: Der Unternehmer ist der „Führer", die Beschäftigten bilden die Gefolgschaft.
- Alle Entscheidungsprozesse verlaufen von oben nach unten.
- Die Beschäftigten besitzen keine eigene Interessenvertretung mehr: Der „Vertrauensrat" war eine reine Vermittlungsinstanz zwischen Betriebsführung und Beschäftigten mit dem Ziel der Effektivierung der Arbeitsabläufe und durfte keine eigenständige Politik betreiben.
- „Treuhänder der Arbeit", d. h. weisungsgebundene Beamte der Reichsregierung, setzen die NS-Wirtschaftspolitik für größere Wirtschaftsgebiete durch.

M 4, S. 46
Die Schlachterinnung aus Naumburg/Saale auf der Parade zum 1. Mai 1933, Fotografie

Die Nationalsozialisten erklärten den 1890 von der sozialistischen Arbeiterbewegung erkämpften „Tag der Arbeit" am 1. Mai 1933 zum ersten Mal in der Geschichte zum „Tag der nationalen Arbeit", der als gesetzlicher Staatsfeiertag unter Fortzahlung des Lohnes begangen wurde. Das NS-Regime ermunterte die Menschen zum Schmücken der Häuser und Straßen und forderte die „Volksgenossen" auf, geschlossen zu den offiziellen Kundgebungen zu erscheinen. Auf diese Weise sollte deutlich gemacht werden, dass sich die Arbeiter von der Idee des Klassenkampfes verabschiedet hätten bzw. sich zur neuen Idee der Volksgemeinschaft bekannten.
Das Bild dokumentiert die nationalsozialistische Inszenierung des „Tages der nationalen Arbeit" im lokalen Bereich. Auffällig ist die Uniformität der Teilnehmer an dem Aufmarsch. Waren die bisherigen

Kundgebungen der Arbeiterbewegung zum 1. Mai Demonstrationen, auf denen die Arbeiter ihre Interessen äußerten, ähnelt die Parade zum 1. Mai 1933 einem militärischen Aufmarsch. Anstatt mit Gewehren sind die Schlachter mit ihren Schlachterbeilen „bewaffnet". Und sie demonstrieren nicht, sondern marschieren in Reih und Glied. Dadurch soll deutlich werden, dass Arbeit Dienst am Vaterland ist.

Zu Aufgabe 3, S. 46
Vgl. die Erläuterung zu M 3.

Zu Aufgabe 4, S. 46
Vgl. die Erläuterung zu M 3.

Zu Aufgabe 5, S. 46
Die Materialien M 2 bis M 4 lassen erkennen, dass die NS-Führung eine hierarchische Sicht des Verhältnisses von Staat und Wirtschaft besaß. Der Staat legte die Ziele fest, die von der Wirtschaft zu erbringen waren. Dabei wurde die Ökonomie als Bestandteil des „völkischen Organismus" begriffen. Ähnlich wie das staatlich-politische Leben sollte auch die Wirtschaft nach dem Führerprinzip organisiert werden. Das bedeutete in den Betrieben die absolute Vorrangstellung des Unternehmers. Die Arbeiter hatten ihm Gehorsam zu leisten und ihre Beschäftigung als Dienst am Vaterland zu begreifen.

Zu Aufgabe 6, S. 46
M 2 und M 3 verdeutlichen die vollständige Entmündigung der Arbeiterschaft im nationalsozialistischen Deutschland. Die NS-Führung duldete keine eigenständige Interessenvertretung der Beschäftigten durch Gewerkschaften oder betriebliche Mitbestimmungsregelungen, sondern verlangte absoluten Gehorsam gegenüber der politischen wie der betrieblichen Leitung. Allerdings verfolgte das NS-Regime eine Strategie von „Zuckerbrot und Peitsche" gegenüber den Arbeitern, die sie für den Wiederaufbau des Reiches und die Vorbereitung des Krieges brauchte. Wie M 4 zeigt, umwarben die Nationalsozialisten die Arbeiter durch aufwändig inszenierte Feiern zum 1. Mai als „Tag der nationalen Arbeit". Nur die reibungslose Integration der Arbeiterschaft in die nationale „Volksgemeinschaft" garantierte politische Stabilität.

M 5, S. 47 f.
Der Vierjahresplan (1936)
a) Aus einer geheimen Denkschrift Adolf Hitlers über den Vierjahresplan, August 1936

Zum historischen Hintergrund: Der „Vierjahresplan" muss im Zusammenhang mit der unmittelbaren Verwirklichung der außenpolitischen und kriegerischen Ziele des Nationalsozialismus zwischen 1936 und 1939 gesehen werden. Staat und Partei hatten ihre Herrschaft gefestigt und gingen nun daran, die Wirtschaft auf Kriegskurs festzulegen und ihren Zielen dienstbar zu machen. Mit der Verkündung des „Vierjahresplans" 1936 begann eine stärkere Einflussnahme des Staates und der Partei auf die Wirtschaft. Das fand seinen Ausdruck in der zentralen Zusammenfassung der staatlichen Lenkungsbehörden. Gleichzeitig wurde der Wirtschaft das Ziel gesetzt, nach „Autarkie" zu streben, Rohstoffvorräte anzulegen und synthetische Treibstoffe zu entwickeln.

Zur Quelle: Die Argumentation Hitlers lässt sich in folgenden drei Thesen zusammenfassen:
1. Das nationalsozialistische Deutschland und das faschistische Italien sind im Gegensatz zu den westlichen Demokratien als Einzige in der Lage, dem Bolschewismus entgegenzutreten und einen Krieg gegen die Sowjetunion zu führen.
2. Die militärische und politische Aufrüstung bzw. Mobilmachung des Volkes muss in Deutschland durch eine wirtschaftliche Mobilisierung ergänzt werden. Das setzt die Erweiterung des Lebensraumes bzw. der Rohstoff- und Ernährungsbasis des deutschen Volkes voraus.
3. Die wirtschaftliche Mobilisierung verlangt planmäßige Lenkung der Wirtschaft und Autarkie. Nur so kann Deutschland wirtschaftlich und militärisch in vier Jahren kriegsfähig sein.

b) Aus dem Schreiben des Wirtschaftsministers, Hjalmar Schacht, an den Beauftragten für den Vierjahresplan, Hermann Göring, vom 5. August 1937

Zur Person: s. SB S. 157
Zur Quelle: Dass Göring und Blomberg Hitlers geheime Denkschrift vom August 1936 (M 5 a) erhielten, nicht aber Schacht, hängt mit grundsätzlichen Bedenken des Wirtschaftsministers und der allgemeinen wirtschaftlichen Lage zusammen: Die NS-Führung beharrte auf dem politisch-ideologischen Vorrang staatlicher Entscheidungen und forderte eine Autarkiepolitik zur Durchsetzung ihres Kriegskurses. Schacht befürchtete dadurch eine Verminderung seiner Macht. Hinzu kamen konkrete Schwierigkeiten der Wirtschaft: Hierzu gehören Finanz- und Devisenprobleme, die Verschlechterung der Ernährungslage aufgrund schlechter Ernten, steigender

Weltmarktpreise und ineffektiver Organisation der Landwirtschaft sowie die Auslastung der Produktionskapazitäten durch die Rüstungsproduktion.

Zu Aufgabe 7, S. 48
Vgl. die Erläuterung zu M 5 a.

Zu Aufgabe 8, S. 48
Vgl. die Erläuterung zu M 5 b und M 6.

M 6, S. 48
Notenumlauf der Reichsbank 1932–1943 (in Mio. RM)

Die Statistik lässt erkennen, dass die Rüstungskosten durch „deficit spending", also durch staatliche Verschuldungspolitik (Anleihen etc.), finanziert wurden. Der staatliche Schuldendienst erfolgte, indem man die „Notenpresse" bediente, also die Zahl der umlaufenden Geldnoten massiv erhöhte. Daraus ergaben sich „Inflationserscheinungen" (verbunden mit Kaufkraftverlust durch Verteuerung von Konsumgütern), vor denen der Präsident der Reichsbank, Schacht, warnte. Von 1932 bis zum Kriegsbeginn stieg die Zahl der umlaufenden Geldnoten um knapp 209 %, von 1939 bis Dezember 1943 nochmals um 206 %. Auch diese Zahlen, die für die Steigerung der Rüstungsausgaben zum Schaden der Arbeitnehmerinnen und Arbeitnehmer sprechen (relativ geringe Lohnsteigerungen bei gleichzeitiger inflationärer Verteuerung von Gütern; s. SB M 10, S. 49), widerlegen die Mär von der angeblich „arbeiterfreundlichen" Politik Hitlers. Und die Tatsache, dass das NS-Regime die „Notenpresse" zur Finanzierung seines Rüstungsprogramms eingesetzt hat, rechtfertigt erhebliche Zweifel an der These von einer funktionsfähigen Volkswirtschaft.

Zu Aufgabe 9. S. 48
Vgl. die Erläuterung zu M 6.

Zu Aufgabe 10, S. 48
Eine knappe Kurzbiografie, die als erster Einstieg in die Thematik hilfreich ist, bietet Wolfgang Benz, Geschichte des Dritten Reiches, C. H. Beck, München 2000, S. 97.

M 7, S. 48
Indizes der industriellen Produktion im Deutschen Reich 1932–1939

Zwar macht die Statistik deutlich, dass der Gesamtindex industrieller Produktion zwischen 1932 und Juni 1939 um fast 142 % gestiegen ist – ein Zeichen wirtschaftlicher Gesundung. Vergleicht man jedoch den Index der Produktionsgüter (Rohstoffe, Maschinen, Werkzeuge) mit dem der Konsumgüter, dann werden die Prioritäten der staatlich reglementierten Wirtschaftspolitik deutlich: Der Index der Konsumgüter steigt im Vergleichszeitraum lediglich um knapp 45 %, der der Produktionsgüter um fast 220 %. Das von Hitler geforderte Autarkie- und Kriegsprogramm wurde also durch Ausweitung der Produktionsgüter (darin enthalten Rüstungen) auf Kosten des Konsumverzichts breiter Massen durchgesetzt.

M 8, S. 48
Öffentliche Sozialausgaben im Deutschen Reich 1932–1937 (in Mrd. RM)

Die Statistik verdeutlicht, dass die staatlichen Leistungen im Sozialbereich von der Machtübernahme der Nationalsozialisten bis 1937 stetig zurückgingen. Betrugen die öffentlichen Sozialausgaben im letzten Jahr der Weimarer Republik noch 2,8 Mrd. RM, senkte das NS-Regime diese Ausgaben bis 1937 auf 0,4 Mrd. RM ab. Der Staat engagierte sich immer weniger auf diesem Gebiet.

M 9, S. 48
Öffentliche Ausgaben im Deutschen Reich 1932–1938 (in Mrd. RM)

Die Statistik verdeutlicht eindeutig die Prioritäten in der NS-Politik: An erster Stelle stand die Kriegsvorbereitung, die sich in enormen Aufwendungen für die Rüstung niederschlug. Auch für den Bereich Verkehr steigerte der NS-Staat seine Ausgaben; der Ausbau von Straßen – man denke nur an den militärischen Nutzen der Autobahnen – oder des Schienennetzes muss dabei im Zusammenhang mit der Kriegsvorbereitung gesehen werden. Demgegenüber senkte das NS-Regime seine sozialpolitischen Leistungen dramatisch ab (s. SB M 8, S. 48), wie die sinkenden Ausgaben für den Wohnungsbau zeigen. Auch die Finanzen für die Versorgungsbetriebe bewegten sich auf relativ niedrigem Niveau. Der Anteil der öffentlichen Verwaltung am Staatshaushalt blieb mit geringen Schwankungen fast gleich.

Zu Aufgabe 11, S. 48
Vgl. die Erläuterung zu M 7.

Zu Aufgabe 12, S. 48
Vgl. die Erläuterungen zu M 8 und M 9.

M 10, S. 49
Arbeiterlöhne, Arbeitszeit, Arbeitslosigkeit im Deutschen Reich 1928–1939 (Lohnindex 1928–100)

Die Statistik lässt folgende wesentliche Entwicklungen erkennen: Der Abbau der Arbeitslosigkeit vollzog sich seit 1933 anfangs nur relativ langsam. Erst mit der sich entwickelnden Rüstungskonjunktur konnte die Massenarbeitslosigkeit zügig reduziert werden und wich ab etwa 1935/36 einem Arbeitskräftemangel. Angesichts der zunehmenden Engpässe auf dem Arbeitsmarkt reagierte das NS-Regime mit der Ausdehnung der Arbeitszeit. Mit der Arbeitszeitvorordnung von 1938 wurde der 8-Stunden-Tag und die 48-Stunden-Woche als Regelarbeitszeit festgeschrieben.

Allerdings führte die anziehende Konjunktur bereits seit 1933 zum Anstieg der Arbeitszeit, die in rüstungswichtigen Bereichen oft weitaus höher war als in anderen Wirtschaftssektoren. Die Reallöhne stiegen, nachdem sie in der Weltwirtschaftskrise abgesunken waren, seit 1933 nur langsam an. Eine Ursache dafür war die Geldentwertung aufgrund der Ausdehnung des Geldumlaufs (s. Schülerband M 6, S. 48; Erläuterungen, S. 38).

M 11, S. 49
Aus dem Sozialbericht des Reichstreuhänders der Arbeit für das 3. Vierteljahr 1938 vom 26. November 1938

Der Text beschreibt die Folgen der Arbeitszeitverlängerung im Jahre 1938, die durch den zunehmenden Arbeitskräftemangel aufgrund der forcierten Rüstungsproduktion notwendig geworden war. Zu den wichtigsten Konsequenzen gehören gestiegene Krankmeldungen, Verweigerung von Überstunden, Leistungsrückgang und willkürliches Fernbleiben von der Arbeit.

M 12, S. 49
Aus den Sozialbericht der Reichstreuhänder der Arbeit für das 4. Quartal 1938 vom 3. März 1939

Ähnlich wie SB M 11, S. 49 beschreibt diese Quelle die Folgen des Arbeitskräftemangels für das Verhalten der Arbeiter. Dabei wird eine dramatische Verschärfung der Situation vom 3. bis zum 4. Quartal deutlich. Diese schlug sich darin nieder, dass Firmen ihren Konkurrenten durch Überbieten der bisherigen Löhne Arbeitskräfte abzuwerben versuchen bzw. dass Arbeiter durch die Drohung mit der Kün-

digung höhere Löhne durchsetzen wollten. Darüber hinaus nahmen die Leistungsverweigerung bzw. Verletzungen der Arbeitsdisziplin immer größere Ausmaße an. Der NS-Staat sah sich daher gezwungen, die Arbeiter durch die Androhung von Gefängnisstrafen zu disziplinieren.

Zu Aufgabe 13, S. 49
Vgl. die Erläuterungen zu M 10 bis M 12.

Zu Aufgabe 14, S. 49
Vgl. die Erläuterungen zu M 10 bis M 12.

M 13, S. 50
Die Tätigkeit der NS-Organisation „Kraft durch Freude" (KdF)

a) Aus einem Bericht an den Exilvorstand der SPD über „Kraft durch Freude" von 1936

Der Bericht an den Exilvorstand der SPD formuliert eine zwiespältige Einschätzung der sozialpolitischen Funktion der KdF-Organisation: Anerkennend wird einerseits festgestellt, dass das Programm nicht nur ein breit gefächertes Angebot zur preiswerten Urlaubs- und Freizeitgestaltung enthalte, sondern bei der Bevölkerung auch auf positive Resonanz stoße. Andererseits werden auch negative Aspekte herausgestellt: Das Monopol der NS-Organisation auf Reise- und Sportveranstaltungen zwinge auch frühere Gegner des NS-Regimes wie die sozialistischen Naturfreunde zur Teilnahme an den KdF-Veranstaltungen, weil es keine Alternative gebe.

Korruptionsfälle hätten in der Bevölkerung jedoch auch zu Unmut geführt. Außerdem verdeutliche das geflügelte Wort „Die Bonzen fahren nach Madeira. Die Kleinen erhalten eine Straßenbahnrundfahrt in Dresden", dass nach wie vor soziale Ungerechtigkeiten bestünden. Mit anderen Worten: Die oberen Schichten hätten ihre Privilegien behalten, die unteren Schichten erhielten vom NS-System nur Almosen.

b) Aus einem Rundschreiben der KdF-Zentrale vom 23. Januar 1934 an die KdF-Gaureferenten des Amts „Reisen, Wandern, Urlaub" über die ersten KdF-Urlauberreisezüge

Aus dem Rundschreiben geht hervor, dass die KdF-Organisation mit der Reichsbahn und der Reichspost kostenlose Beförderungsmöglichkeiten für KdF-Urlauber im Monat Februar ausgehandelt habe. Auf diese Weise solle der propagandistische Wert der Freizeitorganisation erhöht werden. Allerdings sollen Veröffentlichungen darüber unterbleiben.

c) Aus dem Sicherheits-Bericht über die KdF-Reise in die Sächsische Schweiz vom 17.–25. Juni 1937

Der Bericht enthüllt die soziale Zusammensetzung der KdF-Urlauber: Diese stammen überwiegend aus der Mittelschicht (Angestellte, Büroarbeiter, Verkäufer), wobei Frauen die Mehrheit ausmachen. Arbeiter sind stark unterrepräsentiert. Sie könnten sich oft eine KdF-Reise nicht leisten.

Zu Aufgabe 15, S. 51

Mit Hilfe der Materialien lassen sich folgende sozialpolitische Funktionen der KdF-Organisation herausarbeiten:

- ideologische Einbindung der Arbeitnehmer in die NS-„Volksgemeinschaft",
- Vermittlung von NS-Ideologie und -kultur, beruflicher und sportlicher Bildung sowie Körperertüchtigung,
- Entfremdung sozialistischer und gewerkschaftlich orientierter Arbeitnehmer von ihrem Herkunftsmilieu bzw. ihre Gewinnung für den NS-Staat,
- Wiederherstellung und Erhaltung der Arbeitskraft,
- Betreuung und soziale Kontrolle der Menschen in allen Lebensbereichen, also auch in der Freizeit,
- Urlaub und Reisen soll allen Bevölkerungsschichten zugänglich gemacht werden,
- Vermittlung von Lebensfreude.

Allerdings profitierten, wie aus SB M 13 c hervorgeht, vor allem die Mittelschichten vom Angebot der KdF-Organisation. Für Arbeiter waren die Angebote oft zu kostspielig.

Zu Aufgabe 16, S. 51

Als Einstieg in die Thematik bietet sich an: Bernd Jürgen Wendt, Deutschland 1933–1945. Das „Dritte Reich". Handbuch zur Geschichte, Fackelträger, Hannover 1995, S. 231–247, bes. S. 239 ff.

M 14, S. 51 f.
Deutsche Wirtschaft im Krieg

a) Aus dem Schreiben des Reichsarbeitsministers Franz Seldte an die „Reichstreuhändler der Arbeit" vom 20. Oktober 1939
Zur Person: s. SB S. 157
Zur Quelle: Der Text verdeutlicht die Bemühungen der NS-Regierung, die Löhne auf dem erreichten Niveau einzufrieren. Unerwünschte Lohnerhöhungen sollen auf jeden Fall verhindert bzw. Lohnerhöhungen nur in besonderen Fällen gewährt werden. Das zeigt, dass sich die in SB M 12, S. 49, der Erläuterung beschriebenen Probleme mit Beginn des Zweiten

Weltkrieges zusätzlich verschärft haben: Bereits Ende 1938 hatte der zunehmende Arbeitskräftemangel dazu geführt, dass Firmen ihren Konkurrenten durch Überbieten der bisherigen Löhne Arbeitskräfte abzuwerben versuchen bzw. dass Arbeiter begannen, mit der Drohung der Kündigung höhere Löhne durchzusetzen. Dieser Entwicklung wollte man nun einen Riegel vorschieben.

b) Arbeitskräfte im Deutschen Reich 1939–1944 (in Mio.)
Die Statistik lässt folgende Auswirkungen des Krieges auf die deutsche Wirtschaft erkennen:

- die relative Schonung der Anspannung deutscher Arbeitskräfte: Von 41,4 Mio. erfassten deutschen zivilen Arbeitskräften kamen nur 28,4 Mio. zum Einsatz. Ursache: Die erfassten weiblichen Arbeitskräfte waren in der Praxis nur sehr schwer mobilisierbar: Die Frauen vermieden möglichst den Arbeitseinsatz in der Produktion. Das NS-Regime übte keinen strengen Arbeitszwang aus, um Unmut in der deutschen Bevölkerung zu vermeiden.
- der sukzessive sich steigernde Einsatz von Zwangsarbeitern (Kriegsgefangene, Juden, andere „Minderheiten").

Hintergrund zur Zwangsarbeit: Im Spätsommer 1944 arbeiteten im Deutschen Reich etwa 5,9 Mio. Ausländer, 1,9 Mio. Kriegsgefangene aus 26 Ländern und 400 000 KZ-Häftlinge. Es existierten allein in Deutschland mehr als 30 000 Arbeitslager, in denen je nach Verpflichtungsart, Herkunft und Einsatzbereich der Zwangsarbeiter unterschiedlichste Bedingungen herrschten. Außerdem existierten in den besetzten Gebieten Tausende von Lagern für ein gigantisches Zwangssystem, denn auch in ihrer Heimat mussten unzählige Menschen Zwangsarbeit für die deutsche Kriegswirtschaft leisten.

c) Aus einer Rede des Generalbevollmächtigten für den Arbeitseinsatz, Fritz Sauckel, vor den Arbeitseinsatzstäben am 6. Januar 1943
Zur Person: s. SB S. 157
Zur Quelle: Die Rede wird nur verständlich, wenn man sich vor Augen hält, dass 1943 die Grenzen der staatlichen Wirtschaftssteuerung auf dem Arbeitsmarkt erreicht waren. Zahlreiche Betriebe mussten stillgelegt werden, weil durch die Auswirkungen der totalen Rüstungswirtschaft ein dramatischer Arbeitskräftemangel herrschte. Nicht vergessen werden darf, dass etwa 9,5 Mio. Männer zur Wehrmacht eingezogen waren; und auch bei jährlichen Durchschnittsverlusten von mehr als 550 000 Gefallenen

gegen Kriegsende verschärfte sich der Arbeitskräfte-mangel dramatisch. In dieser Situation ordnete die NS-Regierung immer neue Zwangsrekrutierungen sowohl in den besetzten Ostgebieten als auch in Westeuropa an. Dabei wurden regelrechte Menschenjagden auf den Straßen durchgeführt. Diese Sklavenarbeiter wurden alles andere als gut behandelt. Im Gegenteil: Die Todesraten waren durch rücksichtslose Ausbeutung bei miserablen Arbeitsbedingungen extrem hoch.

M 15, S. 52
Polnische Juden entladen als Zwangsarbeiter unter Aufsicht der Wehrmacht Artilleriegranaten, Izbica/Polen, Fotografie der Propaganda-Kompanien, 28. Juni 1941

Das Foto beleuchtet die elenden Arbeitsbedingungen der Juden, die als Zwangsarbeiter für die deutsche Rüstungsindustrie eingesetzt wurden. Sie wurden bis zur Erschöpfung, ja bis zum Tod („Vernichtung durch Arbeit") ausgebeutet.

Zu Aufgabe 17, S. 52
Vgl. die Erläuterung zu M 14 a.

Zu Aufgabe 18, S. 52
Vgl. die Erläuterung zu M 14 b und M 15.

Zu Aufgabe 19, S. 52
Vgl. die Erläuterung zu M 14 c.

Zu Aufgabe 20, S. 52
Didaktisch-methodischer Hinweis: Im Interesse einer möglichst differenzierten und konkreten Diskussion, die sich auf die Materialien des Schülerbandes beziehen kann, empfiehlt sich eine Eingrenzung der Fragestellung auf das Thema Arbeitslosigkeit. Es gilt zu prüfen, ob und inwieweit die nationalsozialistische Politik zum Abbau der Arbeitslosigkeit in Deutschland beigetragen hat. Dass es dem NS-Regime gelang, innerhalb von vier Jahren die Arbeitslosigkeit zu beseitigen, lässt sich an SB M 10, S. 49 (s. Erläuterung, S. 39) belegen. Und SB M 14, S. 5 f. (s. Erläuterung, S. 40) zeigt, dass seit 1938, besonders aber in den Kriegsjahren der Arbeitskräftebedarf höher als das Arbeitskräfteangebot war.

Die historische Forschung schreibt diese Erfolge, die den Nationalsozialisten in der Bevölkerung eine kaum zu überschätzende Grundlage der Loyalität verschafft haben, nicht nur der NS-Politik zu. Bereits vor der „Machtergreifung" durch die Nationalsozia-

listen war der Tiefpunkt der konjunkturellen Entwicklung bereits durchschritten. Allerdings schlug sich das noch nicht sofort auf dem Arbeitsmarkt nieder. Zur konjunkturellen Erholung trugen die Verringerung der Produktionskosten (Reduzierung der Arbeitslöhne und der Sozialleistungen) während der Weltwirtschaftskrise ebenso bei wie staatsinterventionistische Maßnahmen. Hierbei sind die staatliche Kontrolle des Außenhandels, die Einschränkung der liberalen Marktwirtschaft zugunsten einer staatlich gelenkten Wirtschaft (staatliche Reglementierung von Löhnen und Preisen, Beseitigung der Tarifautonomie, Abschaffung der freien Preisgestaltung am Markt) sowie Arbeitsbeschaffungsmaßnahmen zu nennen.

Die Nationalsozialisten setzten bei ihrer Wirtschaftspolitik zunächst vor allem auf Arbeitsbeschaffungsprogramme, die vom Landesausbau (wie Entwässerungsarbeiten, Kultivierung von Moor- und Ödflächen, Flurbereinigungen etc.) über die Förderung des Hoch- und Tiefbaus und der Landwirtschaft bis hin zu Sonderprogrammen für die Reichsbahn, die Reichspost und nicht zuletzt den Autobahnbau reichten. Doch den entscheidenden Impuls für den Abbau der Arbeitslosigkeit gab die Wiederaufrüstung.

Literaturhinweis: Ludolf Herbst, Das nationalsozialistische Deutschland 1933–1945. Die Entfesselung der Gewalt: Rassismus und Krieg, Suhrkamp, Frankfurt/Main 1996, S. 89–99.

M 16, S. 52 f.
Nationalsozialismus und Modernisierung – Positionen der Forschung

Einer der Hauptstreitpunkte der historischen Forschung kreist um die Frage, ob der Nationalsozialismus moderne Züge aufwies. Einige Historiker vertreten dabei die Auffassung, dass vom NS-Regime Modernisierungsschübe ausgegangen seien. Hierzu gehören die Geschichts- und Politikwissenschaftler Uwe Backes, Eckhard Jesse und Rainer Zitelmann (SB M 16 a, S. 52 f.). Sie übersehen die dunkle Seite des Nationalsozialismus wie die Ausgrenzung, Verfolgung und Vernichtung „rassischer" Minderheiten nicht, beharren aber auf der These, dass das NS-Regime mit seiner Sozialpolitik die Verbesserung der Lage der Arbeiterschaft durchgesetzt habe wie kein anderes System vorher.

Die Kritiker dieser Modernisierungsthese, zu denen der Historiker Bernd-Jürgen Wendt gehört (SB M 16 b, S. 53), wenden jedoch ein, dass der Einsatz modernster Mittel, z. B. in der Propaganda, für die Nationalsozialisten von Anfang an im Dienst ihrer rückwärtsgewandten Ideologie gestanden habe. Alles sei der reaktionären Agrarautonomie sowie der rassistischen Volksgemeinschafts- und „Lebensraum"-Ideologie untergeordnet und zudem nur mit kriegerischen Methoden zu verwirklichen gewesen.

Bei der Bewertung dieser gegensätzlichen Positionen ist zu bedenken, dass ihnen unterschiedliche Begriffe von „Moderne" und „Modernisierung" zugrunde liegen. So wenden sich Autoren wie Zitelmann (SB M 16 a, S. 52 f.) gegen ein normatives Verständnis von „Modernisierung", das die Werte und Normen der westlichen Zivilisation mit der Moderne gleichsetzt. Besonders fordern sie eine Entkoppelung des konstitutiven Zusammenhanges von Modernisierung und Demokratisierung. Außerdem stellen sie die These von den unbeabsichtigten modernisierenden Wirkungen des Nationalsozialismus in Frage und beschreiben die NS-Politik als bewusste und planmäßige Verwirklichung einer sozialpolitischen Utopie. Dagegen besteht ein Historiker wie Wendt (SB M 16 b, S. 53) auf dem normativen Gehalt des Modernisierungsbegriffes. Für ihn ist die Moderne untrennbar verbunden mit dem Demokratie- und Humanitätsideal der westlichen Zivilisation.

Zu Aufgabe 21, S. 53

Vgl. die Erläuterung zu M 16.

Zu Aufgabe 22, S. 53

Die Frage lautet, stark vereinfacht formuliert, wie konnte sich im Land der Dichter und Denker ein derart verbrecherisches Regime wie der Nationalsozialismus durchsetzen, das die Vernichtung eines ganzes Volkes, der Juden, und einen extremen Nationalismus, Militarismus und kriegerischen Expansionismus zum Ziel bzw. Heil deutscher Politik erklärte. Auf diese Frage gibt es keine einfache Antwort. Eine Möglichkeit besteht darin, die Schülerinnen und Schüler in einer offenen und gegenwartsbezogenen Diskussion dafür zu sensibilisieren, dass die Werte und Normen der modernen Zivilisation mit ihrer Anerkennung von Menschen- und Grundrechten, von Demokratie und Rechtsstaat nicht „naturgegeben" sind, sondern sich in einem langen historischen Prozess entwickelt haben. Die bitteren Erfahrungen mit den totalitären Diktaturen im 20. Jahrhundert, die Millionen von Menschen aufgrund ihrer politischen, religiösen und moralischen Überzeugungen oder ihrer „Rasse" ermordet haben, verdeutlicht, dass zivilisatorische Einstellun-

gen wieder verloren gehen oder bei den Menschen in Misskredit geraten können. Und es sollte sichtbar werden, wie wichtig der Kampf um die Einhaltung der Menschenrechte für ein menschenwürdiges Leben in Freiheit und Selbstbestimmung nach wie vor ist. Eine andere Möglichkeit besteht darin, den Nationalsozialismus als eine Entwicklungsvariante der modernen Zivilisation in der Krise zu begreifen, wobei monokausale Erklärungen auszuschließen sind. Dabei ist die Aufmerksamkeit auf die humanen wie inhumanen Potentiale der modernen Industriegesellschaft wie der modernen Wissenschaften zu richten, die lange Zeit die Illusion von der Machbarkeit der Welt genährt haben. Erst die moderne Wissenschaft und das moderne Industriezeitalter gaben, schreibt der Historiker Bernd Jürgen Wendt, „mit seinen schrecklichen Destruktionskräften bis hin zum Zyklon B [...] den Nationalsozialisten schließlich die Mittel in die Hand, die – in der deutschen Geschichte seit dem Ende des 19. Jahrhunderts vorgedachten – Utopien von einer Neugestaltung Deutschlands nach rassebiologischen und völkischen Prinzipien nunmehr in europäischen Dimensionen in den industrialisierten Massenmord umzusetzen". Allerdings sollte bei der Debatte deutlich werden, dass andere fortgeschrittene Industriestaaten nicht den Weg eines „reaktionären Modernismus" gegangen sind, sondern an den Idealen der bürgerlich-liberalen Zivilisation festgehalten haben. Allen voran sind in diesem Zusammenhang die USA oder Großbritannien zu nennen.

M 17, S. 53
Plakat zum Kriegs-Vierjahresplan von 1941

Das Plakat veranschaulicht den engen Zusammenhang von Wirtschaftspolitik und Aufrüstung bzw. Kriegsplanung im Vierjahresplan des NS-Regimes. Gezeigt wird eine blühende Industrielandschaft und moderne Kriegswaffentechnik, hier die Luftwaffe. Auf diese Weise wollte das NS-Regime den Nationalstolz der „Volksgenossen" wecken; gleichzeitig sollten die Industriearbeiter wie die gesamte Bevölkerung zu höheren Leistungen motiviert werden.

M 18, S. 54
Eröffnung der ersten Teilstrecke der Reichsautobahn durch Hitler am 19. Mai 1935, Fotografie für die Presse

Die mit großem Pomp eröffnete erste Teilstrecke der Reichsautobahn durch Hitler verdeutlicht den hohen Prestigewert der Autobahnen für das NS-Regime. Die Autobahnen waren als „Straßen des Führers" allerdings nicht nur verkehrstechnisch, sondern vor allem militärisch von Bedeutung.

Zu Aufgabe 23, S. 54
Sicherlich beschleunigten die Autobahnen die Modernisierung Deutschlands. Ähnlich wie der Bau des Volkswagens leitete der Autobahnbau eine neue Phase in der Geschichte der Massenmotorisierung ein, die jedoch erst nach dem Zweiten Weltkrieg voll zum Durchbruch kam. Doch ist zu bedenken, dass der Autobahnbau der Vorbereitung und Durchführung des auf Eroberung und Unterwerfung anderer Völker ausgerichteten Krieges diente. Zerstörung, nicht Aufbau war Hitlers Ziel.

Die gesamte NS-Wirtschaftspolitik stand unter diesem Vorzeichen, also im Dienst einer reaktionären Politik. Insofern ist die Modernisierungsthese zu relativieren: Die Modernisierung war eher eine unbeabsichtigte Folge der NS-Politik, die nicht durch das NS-Parteiprogramm und den Willen Hitlers abgedeckt war.

Notizen

Kapitel 6:
Jugend und Schule unter dem Nationalsozialismus

Hinweise zur Arbeit mit den Materialien
Siehe den Kasten im Schülerband S. 58.

M 1, S. 58
Aus einem Artikel des Führerblattes der Hitlerjugend „Junge Nation" vom Mai 1933 über die „Bünde"

Die Quelle verdeutlicht den Monopolanspruch der Hitlerjugend auf die organisierte Jugendbewegung. Es sollte außer der Hitlerjugend keine anderen Jugendorganisationen geben. Nur so schien den NS-Machthabern die vollständige Erfassung und Indoktrination der Jugend in ihrem Sinne möglich. Deswegen wird die Ausschaltung der bündischen Jugend gefordert.
Unter der Sammelbezeichnung „bündische Jugend" versteht man bis heute alle nicht politisch oder konfessionell ausgerichteten Vereinigungen der freien Jugendbewegung.

M 2, S. 58 f.
Konfessionelle Jugendverbände

Die Anordnung zielt auf die Ausschaltung aller konfessionellen Jugendorganisationen. Sie werden zwar nicht verboten, sondern auf die Ausübung rein kirchlich-religiöser Betätigung eingeschränkt. Aber ihnen werden das Tragen von Uniformen, Abzeichen, Bannern oder Wimpeln sowie die Organisation öffentlicher Veranstaltungen untersagt.

Zu Aufgabe 1, S. 59
Vgl. die Erläuterung zu M 1 und M 2.

M 3, S. 59
Aus dem Gesetz über die Hitlerjugend vom 1. Dezember 1936

Das Gesetz lässt folgende wesentliche Ziele der NS-Jugendpolitik erkennen:
- organisatorische Zusammenfassung der gesamten Jugend in der Hitlerjugend,
- Einschwören der Jugend auf die NS-Ideologie,
- Kontrolle der außerschulischen Erziehung wie der gesamten Freizeit von Jugendlichen,
- Unterstellung der Hitlerjugend unter den Reichsjugendführer.

M 4, S. 59
Organisation der Jugend im NS-Staat

Die Grafik zeigt, wie sich die NS-Führung den Werdegang der deutschen Jugend vorstellte. Jungen und Mädchen sollten bis zum Alter von 6 Jahren ihr Leben im Kreis der Familie verbringen. Vom 6. bis zum 10. Lebensjahr übernahm die Volksschule die Erziehung. Ab dem 10. Lebensjahr sah der NS-Staat eine doppelgleisige Betreuung der Jugendlichen vor: Die Vorbereitung auf das Berufsleben wurde je nach den Fähigkeiten oder dem angestrebten Berufsziel der Volksschule, der Höheren Schule, der Universität oder den Betrieben (Lehre) übertragen. Die außerschulische oder außerbetriebliche Erziehung behielt sich der NS-Staat vor. Für diese Aufgabe gründete man für Mädchen die NS-Organisationen „Jungmädel" (10. bis 14. Lebensjahr) und den „Bund Deutscher Mädel" (14. bis 18. Lebensjahr): Die 18- bis 21-jährigen Mädchen sollten Arbeitsdienst leisten. Die männlichen Jugendlichen wollte das NS-Regime im „Jungvolk" (10. bis 14. Lebensjahr) und in der „Hitlerjugend" (14. bis 18. Lebensjahr) zusammenfassen. Danach hatten die jungen Männer Arbeitsdienst und ab dem 21. Lebensjahr ihren Wehrdienst zu leisten. Außerdem sollten sie sich in der NSDAP betätigen.

Zu Aufgabe 2, S. 60
Vgl. die Erläuterung zu M 3 und M 4.

M 5, S. 59 f.
Aus dem „Jahreslagebericht" 1938 des Sicherheitshauptamts zur Jugend

Der Jahresbericht zeigt, dass es der NS-Führung nicht gelang, die gesamte Jugend in ihren Organisationen zu erfassen. Die Nationalsozialisten mussten erstens erkennen, dass die Attraktivität der Hitlerjugend vor allem auf ihrem sozialen und kulturellen Freizeitangebot beruhte; politische Motive spielten beim Beitritt eine untergeordnete Rolle. Zweitens wird die nach wie vor bestehende Konkurrenz bündischer, konfessioneller oder anderer parteipolitisch orientierter Jugendverbände beklagt. Drittens stellt der Bericht die Ablehnung der HJ in Teilen der großstädtischen Jugend fest, die „wilde" Cliquen gründeten und autonome Formen von Jugendkultur praktizierten.

Zu Aufgabe 3, S. 60
Vgl. die Erläuterung zu M 5.

M 6, S. 60
In einer Schulklasse, Fotografie, um 1941

Sicherlich gab es bereits vor 1933 Ideen von der „politischen Schule" und der „deutschen Gemeinschaftsschule" als „völkische Weltanschauungsschule". Auch haben schon vor der nationalsozialistischen „Machtergreifung" Pädagogen eine autoritär-völkische und rassische Erziehung gefordert. Aber erst mit der Etablierung des NS-Regimes besaß der Staat die Macht, die nationalsozialistische Weltanschauung administrativ von oben durchzusetzen. Das fiel besonders leicht in Fächern wie Geschichte, Geografie, Germanistik, Sport, Biologie und dem neuen Fach „Rassenkunde". Letztlich blieb jedoch kein Unterrichtsfach frei von der politisch-ideologischen Vereinnahmung durch die NS-Führung.

Die Fotografie kann also in jeder Schule und in jedem beliebigen Unterrichtsfach aufgenommen worden sein. Es zeigt die skrupellose Indoktrination der Schüler mit rassenantisemitischen Ideen. An der Tafel steht unter dem Davidstern in großer Schrift: „Der Jude ist unser größter Feind! Hütet euch vor den Juden!" Ein Schüler oder Lehrer weist mit einem Zeigestock auf den Satz, den sich die Schüler einprägen sollen. Rechts neben der Tafel stehen zwei verängstigte Schüler, die betreten nach unten schauen. Es ist nicht eindeutig zu klären, ob es sich dabei um jüdische Mitschüler handelt (ab 1. September mussten alle Juden einen gelben Stern tragen, das Foto lässt sich aber nicht ganz genau datieren), die vor ihren Mitschülern gedemütigt werden sollen. Oder waren es deutsche Schüler, die sich dem Merksatz an der Tafel widersetzt haben und deswegen bloßgestellt werden sollten?

M 7, S. 60
Reichstreffen der Motor-HJ in Goslar 1938, Fotografie

Das Foto verdeutlicht die Bemühungen der NS-Führung, die gesamte Freizeitgestaltung der Jugend zu organisieren und damit auch zu überwachen. So nutzte man die Motorradbegeisterung junger Männer und veranstaltete Wettbewerbe, um die Attraktivität der Hitlerjugend zu erhöhen. Vielleicht ließen sich viele Jugendliche auch von der Uniform, von Rangabzeichen und Auszeichnungen oder von einer neuen Verantwortung als HJ-Führer faszinieren. Oder sie konnten ihre Generationen- und Autoritäts-

konflikte mit Hilfe des Staates lösen. Jedenfalls gibt es eine Fülle an Motiven für den Beitritt zur HJ, die nicht politisch motiviert sein mochten. Aus diesem Grunde ist zumindest Vorsicht geboten bei der Behauptung, der NS-Staat habe die Jugend für sich gewonnen, wie SB M 8, S. 60 f., zeigt.

Zu Frage 4, S. 60
Vgl. die Erläuterung zu M 7.

M 8, S. 60
Schule

Zum historischen Hintergrund: Über die Einflussnahme der HJ auf die Schule seit 1933 schreibt der Historiker Bernd Jürgen Wendt: „Die arrogante Einmischung der HJ in Schule und Unterricht wurde immer unerträglicher. Denn sie witterte hier mit gewisser Berechtigung eine überkommene Bildungsbastion, die zwar formal, mit neuen, nationalsozialistischen Lehrplänen und Unterrichtsmaterialien relativ schnell zu schleifen war, aber in der konkreten Unterrichtswirklichkeit, wie wir heute aus Schülerberichten wissen, doch noch erhebliche Freiräume und Möglichkeiten zur Resistenz gegenüber der Indoktrination bot, wenn die Lehrer und Lehrerinnen im Klassenzimmer die nötige Zivilcourage aufbrachten und zu ihren Schülern und Schülerinnen ein Klima des gegenseitigen Vertrauens schaffen konnten. [...] Die Eingriffe der HJ in den Schulbereich häuften sich. Ihre Mitglieder beanspruchten eine Vorzugsbehandlung oder schwänzten den Unterricht wegen ‚dienstlicher' Verpflichtungen. HJ-Führer mischten sich in Fragen der Disziplin und Leistungskontrolle ein und maßten sich hier Mitbestimmungsrechte an. Lehrer beklagten sich über eine ‚Geringschätzung der schulischen Arbeit', die häufig einen Abfall der Leistungen zur Folge hatte. Die Kinder entdeckten aber auch im Dschungel widerstreitender Kompetenzen, Anforderungen und Vorschriften nicht selten private Nischen und ‚Reservate', in denen sie die Ansprüche von Schule und Dienstpflicht geschickt gegeneinander ausspielten."
(Bernd Jürgen Wendt, Deutschland 1933–1945. Das „Dritte Reich". Handbuch zur Geschichte, Fackelträger, Hannover 1995, S. 288)
Zur Quelle: Der Bericht dokumentiert, dass es dem NS-Regime nicht gelang, die Schulen in seinem Sinne völlig umzugestalten. Das wird zum einen an dem Konflikt zwischen der Lehrerschaft auf der einen Seite und der HJ auf der anderen um die Gestaltung der Adolf-Hitler-Schulen deutlich. Seit 1938 werden starre Fronten festgestellt: Die HJ beharrt auf

ihrer Zuständigkeit für die gesamte Jugend und will vor allem den Sportunterricht monopolisieren. Diese Forderungen lehnt nicht nur die Lehrerschaft, sondern auch der NS-Lehrerbund ab.

Zu Aufgabe 5, S. 61
Vgl. die Erläuterungen zu M 6 und M 8.

Zu Aufgabe 6, S. 61
Vgl. die Erläuterung zu M 8.

M 9, S. 61
Der Historiker Wolfgang Wippermann über „autonome" Jugendgruppen in der NS-Zeit (1999)

Der Text beschreibt zwei unterschiedliche „wilde" Jugendgruppen der NS-Zeit:
– „Swing-Jugend": bürgerliche Jugendliche, die angloamerikanische Musik hören und danach „Swing" tanzen möchten;
– „Meuten", Blasen", „Edelweißpiraten": Unterschichtenjugendliche, Jungen wie Mädchen, die sich durch sportliche Kleidung sowie durch Abzeichen von ihrer Umwelt absetzen und ihre Freizeit nach dem Vorbild der bündischen Jugend gestalten.

M 10, S. 61 f.
Aus dem Schreiben des Essener Landgerichtspräsidenten an das Reichsjustizministerium vom 31. Juli 1944 über das „polizeiliche Jugendschutzlager" Moringen

Das Schreiben unterscheidet folgende Kategorien von Jugendlichen aus dem „polizeilichen Jugendschutzlager":

– „Untaugliche": Geistesschwache und geistig Behinderte, die als nicht lagerfähig gelten und in Heil- und Pflegeanstalten untergebracht werden müssten;
– „Störer": Jugendliche, die aus unterschiedlichen Gründen mit ihrer Umwelt in Konflikt geraten und mit ihrer Volljährigkeit in ein Konzentrationslager eingewiesen werden sollen.

M 11, S. 62
„Wilde Cliquen" in Köln vor und nach ihrer Verhaftung, Fotografie, 1940

Das obere Foto zeigt eine Gruppe, die sich offenbar in die Tradition der bündischen Jugend stellte und durch Wanderungen in der Natur das kameradschaftliche Gruppenerlebnis suchte. Singen und Klampfenspiel (hier die Ziehharmonika) gehörten zu den bevorzugten Freizeitgestaltungen dieser Jugendlichen, die sich überdies durch legere sportliche Kleidung („Räuberzivil") auszeichneten und in diesem Falle aus Jungen und Mädchen bestanden. Auf dem unteren Foto, das die Gruppe nach ihrer Verhaftung zeigt, sind die Gesichter in Gegensatz zur ersten Fotografie starr und abweisend. Ebenso starr wirkt die Haltung – offenbar war ihnen das „Strammstehen" befohlen worden. Mädchen und Jungen sind jetzt getrennt.

Zu Aufgabe 7, S. 62
Vgl. die Erläuterungen zu M 9 bis M 11.

Zu Aufgabe 8, S. 62
Siehe Tabelle unten.

	Swing-Jugend (M 9)	Edelweißpiraten (M 9)	„Bündische Jugend" (M 11)
Grad der Kritik an NS-Regime	Teilkritik an soldatischen Tugenden der NS-Ideologie; eher unpolitisch; Pflege des eigenen Lebensstils	Generelle Kritik und bewusste Abgrenzung von HJ-Erziehung; teilweise Auseinandersetzung mit HJ-Gegenspielern	Generelle Kritik an militärischem Drill und Indienstnahme der Jugend durch NS-Staat und HJ
Raum der Aktivitäten	Privater oder halböffentlicher Raum wie Kneipen, Lokale	Öffentlichkeit (Parks, Kinos, Natur)	Öffentlichkeit (Natur)
Art des „abweichenden Verhaltens"	Nonkonformismus und Verweigerung	Verweigerung und Protest	Verweigerung und Protest

Kapitel 7: Nationalsozialistische Frauenpolitik und Lebenserfahrungen von Frauen im „Dritten Reich"

Hinweise zur Arbeit mit den Materialien
Siehe den Kasten im Schülerband S. 66.

M 1, S. 65
Ausstellungsplakat der NSDAP, undatiert

Das Plakat greift ganz offen das christliche Motiv der Madonna mit dem Jesuskind auf und stellt die Frauen in ihre Nachfolge. Bild und Schrift pflegen den Mutterkult: Die Frau wird in erster Linie als Mutter gesehen. Darüber hinaus werden den Frauen Aufgaben vor allem im karitativen und sozialen Bereich zugewiesen.

M 2, S. 66
Frauenlöhne in der NS-Zeit

Allgemeine Lohnentwicklung: Erkennbar wird in der Statistik der mit der Wirtschaftskrise verbundene starke Rückgang der durchschnittlichen Stundenlöhne zwischen 1928 und 1933. Es zeigt sich auch ihr Anstieg zwischen 1933 und 1936, der bei qualifizierten Männern etwa 11 % betrug. Im gleichen Zeitraum gingen die (ohnehin geringeren) durchschnittlichen Stundenlöhne qualifizierter und spezialisierter Frauen um über 12 % zurück – ein Indiz für die vom nationalsozialistischen Staat geförderte Familienpolitik, welche den Frauen eher die Rolle im Heim und am Herd zuwies, aber auf die billigen ungelernten Arbeiterinnen in der Rüstungsindustrie nicht verzichten konnte. Der – trotz zunehmender wirtschaftlicher Gesundung – relativ geringe Zuwachs der Stundenlöhne zwischen 1936 und 1942 – bei qualifizierten Männern um etwa 3,2 % – ist mit der völligen Ausrichtung der Wirtschaft auf die imperialistischen Kriegsziele zu erklären, für deren Erreichen durch Konsumverzicht Opfer gebracht werden mussten. Nach der Zerschlagung der Gewerkschaften im Mai 1933 und dem Verlust des Koalitions- und Streikrechts konnte der Staat ohne Widerstand Löhne und Preise „regulieren", die Arbeitsbedingungen festlegen.
Verhältnis von Frauen- und Männerlöhnen: Die Statistik verdeutlicht, dass sich die Differenz der Löhne zwischen Männern und Frauen in den 30er-Jahren nicht signifikant änderte, obwohl sich in einigen Sektoren die Löhne der Frauen denen der Männer annäherten. Insgesamt jedoch blieb das Versprechen „Gleicher Lohn für gleiche Arbeit" unerfüllt.

Während die Löhne von Hilfsarbeiterinnen zwischen 1936 und 1942 um die 70 % der Hilfsarbeiterlöhne ausmachten, betrugen die Löhne von Facharbeiterinnen im gleichen Zeitraum etwa 65 % der Löhne ihrer männlichen Kollegen (s. Statistik zu Aufgabe 1). In absoluten Zahlen bedeutete das, dass der Lohn einer Facharbeiterin nicht die Höhe des Lohnes eines Hilfsarbeiters erreichte.

Zu Aufgabe 1, S. 66
Der prozentuale Anteil der Frauenlöhne bezogen auf die Männerlöhne

Jahr	Qualifizierte Frauen	Ungelernte Frauen
1928	62,8	66,2
1933	83,2	69,6
1936	65,9	69,7
1937	65,6	69,6
1938	65,1	70,2
1940	65,0	70,0
1941	64,8	69,6
1942	64,7	69,5

Zu Aufgabe 2, S. 66
Die Umrechnung der absoluten Zahlen in Prozentwerte besitzt den Vorteil, dass das relative Verhältnis von Frauen- und Männerlöhnen augenfälliger wird. Zwar lassen auch die absoluten Zahlen eine deutliche Differenz zwischen Frauen- und Männerlöhnen erkennen. Aber die Prozentzahlen drücken genau aus, wie viel die Frauen im Gegensatz zu ihren männlichen Kollegen weniger verdienten. Das waren bei Facharbeiterinnen etwa 35 % und bei den Hilfsarbeiterinnen ca. 30 %.

Zu Aufgabe 3, S. 66
Die Tatsache, dass die Löhne von Arbeiterinnen in der Bundesrepublik Deutschland während der 50er-Jahre um rund 46 % niedriger waren als die ihrer männlichen Kollegen, dass also die finanzielle Benachteiligung von Arbeiterinnen damals größer war als in der NS-Zeit, darf nicht zu dem Schluss verleiten, den Frauen sei es unter den Nationalsozialisten grundsätzlich besser gegangen als nach 1945 in der bundesrepublikanischen Demokratie. Im Gegenteil: Das Grundgesetz verbürgt die Gleichstellung von Mann und Frau und auch in der Praxis sind große

Fortschritte erreicht worden. In die Irre führt überdies eine Interpretation, die die Ursache für diese Differenz zwischen den 30er- und 50er-Jahren in so genannten Abschlagsklauseln, die Abzüge bei Frauen von dem für Männer garantierten Tariflohn vorsahen, sieht oder die die spätere Eingruppierung von Frauen in so genannten Leichtlohngruppen anführt. „Abschlagsklauseln" kannte auch der Nationalsozialismus. Die geringere Entlohnung von Frauen in den 50er-Jahren im Vergleich zu den 30er-Jahren muss vielmehr auf den Wandel des Arbeitsmarktes zurückgeführt werden. In den 30er-Jahren stieg der Bedarf an Arbeitskräften immer stärker an; ohne eine wachsende Berufstätigkeit von Frauen hätten die Nationalsozialisten nicht ihre enormen Rüstungsanstrengungen durchführen können. Damit stiegen trotz aller Lohnregulierungen die Reallöhne. Ganz anders war die Situation in den späten 40er- und frühen 50er-Jahren, als in Deutschland Massenarbeitslosigkeit herrschte. Aber nicht nur die Arbeitslosigkeit drückte die Löhne für Frauen. Hinzu kamen starke Tendenzen, Frauen aus dem Arbeitsleben zu verdrängen, um Platz für die Männer – vor allem die zurückkehrenden Kriegsgefangenen oder die im Zuge der Entnazifizierung entlassenen bzw. aus den Ostgebieten vertriebenen Männer – zu machen. Das änderte sich erst mit dem steigenden Bedarf an weiblichen Arbeitskräften seit der zweiten Hälfte der 50er-Jahre wieder.

M 3, S. 66
Förderung der Eheschließung?

Das Gesetz aus dem Jahre 1933 gewährt Ehepaaren ein Ehestandsdarlehen. Das Gesetz sollte die Hausfrauen und Mutterrolle aufwerten und die Zahl der Geburten steigern (intentionales Ziel). Zwar war – das stand auch in dem Gesetz – das Darlehen mit geringem Zinssatz zurückzuzahlen, doch die Rückzahlung wurde bei der Geburt eines Kindes zu einem Viertel erlassen und sollte bis zu vier Geburten fördern. Vorbedingung für ein Ehestandsdarlehen war allerdings, dass die Ehefrau erwerbstätig war und ihren Beruf nach der Heirat aufgab. Dieser Regelung lag die Absicht zugrunde (funktionales Ziel), die Frauen aus dem Berufsleben zu verdrängen und so die Massenarbeitslosigkeit abzubauen.

Die Wirklichkeit sah jedoch oft ganz anders aus. Als aufgrund der Rüstungskonjunktur ab 1936 wieder Arbeitskräftemangel herrschte, ließen die Nationalsozialisten die Bedingung fallen, dass die Ehefrauen ihren Arbeitsplatz abgeben mussten. Nun war die Wiedereingliederung von Frauen in das Erwerbsleben gewünscht, wenngleich viele Frauen Arbeitsplätze übernehmen mussten, die wenig oder keine Qualifikation erforderten und die schlechter bezahlt waren. Gleichwohl hielten die Nationalsozialisten an ihrem Frauenbild fest, das vom Mutterkult beherrscht war. Noch ein anderer Umstand sollte bei der Bewertung des Gesetzes berücksichtigt werden: Weil die Gewährung eines Ehestandsdarlehens auch die Untersuchung beider Ehepartner auf erbbiologische Unbedenklichkeit voraussetzte, nahmen es viel weniger junge Ehepaare in Anspruch als vom NS-Staat erwartet.

Zu Aufgabe 4, S. 67
Vgl. die Erläuterung zu M 3.

Zu Aufgabe 5, S. 67
Vgl. die Erläuterung zu M 3.

Zu Aufgabe 6, S. 67
Angestrebt wird eine offene Diskussion über die unterschiedlichen Vorstellungen zur Rolle der Frau in Beruf, Privatleben und Freizeit. Davon ausgehend, sollte die NS-Frauenpolitik (zwischen Mutterkreuz und Arbeitseinsatz), wie sie in SB M 3, S. 66 f., zum Ausdruck kommt, erörtert werden.

M 4, S. 67
Himmlers „Zeugungsbefehl"

Dieser „Befehl" bricht nicht nur mit dem überkommenen Familienideal, das die Nationalsozialisten propagierten, sondern auch mit der Normenwelt der bürgerlichen Sexualmoral. Angesichts der Gefallenen im Krieg trug der Reichsführer SS, Himmler, dem deutschen Mann und der deutschen Frau auf, Vater und Mutter zu werden. Dabei spiele es keine Rolle, ob dies ehelich oder unehelich geschehe. Dadurch erfährt der Mutterkult eine menschenverachtende Entartung: Erstens wird die Frau damit auf ihre Gebärfunktion reduziert. Ihre Aufgabe besteht allein darin, die Menschenverluste im Krieg auszugleichen und – nach dem rassistischen „Zuchtdenken" Himmlers vielleicht noch wichtiger – den Bestand der deutschen Nation bzw. der „nordischen Herrenrasse" zu sichern. Zweitens wird das traditionelle Ehe- und Familienverständnis durchlöchert. Die „Ehe" ist für Himmler vorwiegend „biologische Ehe" zur Zeugung von Nachwuchs.

Zu Aufgabe 7, S. 67
Vgl. die Erläuterung zu M 4.

Zu Aufgabe 8, S. 67

Vgl. die Erläuterung zu M7.

M 5, S. 67–69
Lebensstationen und Lebensläufe

a) Die Historikerin Ingrid Schäfer hat historische Interviews mit Frauen aus dem lippischen Dorf Vahlhausen geführt. Schäfer schreibt (1987)

In der NS-Zeit gab es ein dichtes Netz von Frauenorganisationen, die die Aufgabe hatten, Mädchen und Frauen auf ihre vom NS-Staat gewünschte Rolle und Funktion in der Gesellschaft vorzubereiten. Die Attraktivität dieser Frauenorganisationen beruhte, wie die Quelle zeigt, jedoch nicht auf ihren weltanschaulichen Zielen, sondern auf ihrem Freizeitangebot. Dies erlaubte vielfältige Abwechslung im arbeitsreichen Alltag und Gemeinschaftserlebnisse.

b) Melitta Maschmann – geb. 1918 in Berlin, 1933 Mitglied des Bundes Deutscher Mädel, 1937 Abitur, Arbeitsdienst – erinnert sich (1963)

Die Quelle beschreibt die berufliche Benachteiligung von Frauen im NS-Regime. Der Wunsch, nach dem Abitur eine Berufsausbildung als Schriftleiterin zu absolvieren, wird erst nach langem Zögern erfüllt. Verantwortlich dafür werden zum einen die Vorurteile der Männer gegenüber Frauen gemacht. In den Augen der Männer sind Frauen für die Familie und den sozialen Bereich zuständig; im beruflichen Leben wird ihnen allenfalls eine untergeordnete bzw. dienende Funktion als Sekretärin zugewiesen. Zum anderen wird die Männerideologie und Männerbündelei der NS-Regimes sichtbar. Alle leitenden Stellen waren von Männern besetzt, die auch die letzte Entscheidung in den NS-Frauenorganisationen besaßen. Im beruflichen Bereich waren Frauen auf das Wohlwollen ihrer männlichen Vorgesetzten angewiesen.

c) Krystyna Zywulska, eine Überlebende von Auschwitz, in ihren Erinnerungen (1988)

Der Text beleuchtet erstens die Autoritätsverhältnisse im Konzentrationslager Auschwitz. Die letzte Entscheidung bei der Selektion der weiblichen Insassen lag nicht bei den Aufseherinnen, sondern bei dem männlichen Leiter. Zweitens wird die Hierarchie unter den weiblichen Gefangenen deutlich. Auf der untersten Stufe standen die Jüdinnen, die politischen Gefangenen besaßen einen höheren Rang. Und drittens wird die barbarische Maschinerie des Tötens der Jüdinnen beschrieben. Arbeitsfähigkeit und Gesundheitszustand sind die Kriterien dafür, ob eine Gefangene in den Todesblock kommt, wo ihr ein qualvolles Sterben bevorsteht, oder ob sie für den Arbeitseinsatz eingeteilt wird.

d) Marion Gräfin Yorck von Wartenburg – geb. 1904 in Berlin, Jurastudium und Promotion, 1930 Heirat mit Peter Graf von Wartenburg, einem Beteiligten des Attentats auf Hitler am 20. Juli 1944 – erinnert sich

Beschrieben wird die Situation einer Frau aus der bildungsbürgerlichen Elite. Sie ist gut informiert über die politisch-sozialen Verhältnisse im nationalsozialistischen Deutschland, auch über die Judenverfolgung und Judenvernichtung des NS-Regimes. Sie lebt zwar in einer partnerschaftlichen Ehe, aber trotz hoher wissenschaftlicher Qualifikation fallen ihr im Rahmen der Widerstandtätigkeit ihres Ehemannes nur Hilfsdienste (Kochen bei den Treffen des Widerstandskreises, Botengänge) zu.

Zu Aufgabe 9, S. 69

Siehe Tafelanschrieb Seite 50 oben.

Zu Aufgabe 10, S. 69

„Der Mann ein Soldat, die Frau eine Mutter (von künftigen Soldaten)" – so charakterisiert die Historikerin Ute Frevert knapp und präzise die nationalsozialistische Geschlechterideologie. Auf diese von der NS-Führung propagierte Rolle als „Gebärerin" ließ sich keine der in SB M5 beschriebenen Frauen einengen. Die Frauen aus dem lippischen Dorf (SB M 5 a) suchten und nutzten alle im NS-Staat gebotenen Möglichkeiten zur Entspannung und zum Amüsieren; sie wollten sich nicht auf ihre Rolle in der Familie einschränken lassen. Das gilt noch mehr für Melitta Maschmann (SB M 5 b), die sich sehr stark auf ihre berufliche Karriere konzentrierte. Und Ksystyna Zywulska (M 5 c) wie auch Marion Gräfin Yorck von Wartenburg (M 5 d) waren Gegnerinnen des NS-Regimes und lehnten schon deswegen die nationalsozialistische Ideologie ab. Auch sie ließen sich nicht auf ihre Mutterrolle festlegen, sondern engagierten sich politisch.

Zu Aufgabe 11, S. 69

Lebenserinnerungen oder historische Interviews sind keine Originalzeugnisse aus der Vergangenheit, sondern nachträglich erzeugte Kunstprodukte. Zeitzeugenbefragungen sind mehrfach gebrochene Quellen, die ein Ergebnis aus dem Zusammenspiel von drei hauptsächlichen Faktoren sind: des/der Interviewten, des Interviewers/der Interviewerin und des öffentlichen Geschichtsbewusstseins der Gesell-

	Frauen aus dem lippischen Dorf (M5a)	Melitta Maschmann (M5b)	Krystyna Zywulska (M5c)	Marion Gräfin Yorck von Wartenburg (M5d)
Verlauf des beruflichen/privaten Lebens	Intensive Nutzung der Freizeitangebote der Nazis	Langsamer beruflicher Aufstieg in untergeordneten Positionen	Politische Gefangene in KZ	Akademische Ausbildung bis zur Promotion, mithelfende Ehefrau
Wissen von Gräueltaten	Keine Angaben	Keine Angaben	Opfer des NS-Regimes	Wissen über Gräueltaten
Frauentyp	Hausfrauen und Mütter	Berufstätige, gesellschaftspolitisch interessierte Frau	Selbstbewusste, politisch engagierte Frau	Politisch engagierte Frau, mithelfende Ehefrau
Haltung zum Nationalsozialismus	Mitläuferinnen	Eintreten für NS-Ideale (Aufstieg in verantwortliche Position der NS-Reichsjugendführung), Kritik an NS-Männerideologie	Ablehnung des NS-Regimes	Ablehnung des NS-Regimes, Widerstand

schaft bzw. gesellschaftlicher Gruppen. Und Selbstzeugnisse wie Lebenserinnerungen werden meist durch einen hohen Grad an Subjektivität charakterisiert, erlauben uns aber, einen Blick auf die „inneren Vorgänge" zu richten, und geben uns einen Einblick in Bewusstseinslagen. Wie alle anderen Quellen auch müssen Lebenserinnerungen und historische Interviews mit Hilfe der quellenkritischen Methode auf ihren Wahrheitsgehalt überprüft werden.

Weiterführende Literatur und Arbeitshinweise:
Volker Bauer u.a., Methodenarbeit im Geschichtsunterricht, Cornelsen, Berlin 1998, S. 33ff., 91ff.

M6, S. 70
Verleihung des Mutterkreuzes, Fotografie, 1939

Das Bild dokumentiert den Mutterkult der Nationalsozialisten: Ein Parteifunktionär heftet einer älteren, weißhaarigen Frau das Mutterkreuz an. Es wurde ab 1938 reichsdeutschen Müttern verliehen, deren Kinder als „arisch" und erbgesund galten. Dabei gab es drei Kategorien: Bronze für 4–6 Kinder, Silber für 6–8 Kinder und Gold für 8 und mehr Kinder. Die feierliche Ehrung hier geschieht im Kreis von BDM-Mädchen, die so auf ihre zukünftige Mutterrolle eingeschworen werden sollen.

M7, S. 70
Fotomodell hinter einer Reiterstatue, Fotografie aus der deutschen Zeitschrift „Elegante Welt", 1940

Die NS-Geschlechterideologie kannte zwar nur Soldaten und Mütter, doch war die Spannweite der Frauenbilder auch in der offiziellen Propaganda weiter. Das Fotomodell auf diesem Bild, eine kühle blonde Schönheit mit elegantem und teurem Pelzmantel und Pelzmütze, präsentiert die Frau als schmückendes Beiwerk für den Mann der nordischen „Herrenrasse". Die Frau posiert vor einer monumentalen Reiterstatue, die wohl das Soldatische symbolisieren soll. Aber noch ein zweiter Aspekt ist zu berücksichtigen: Das Foto wurde 1940, also mitten im Krieg, aufgenommen und provoziert folgende Fragen: Soll dieses Bild mit einer Frau in einem modischen Luxusartikel ablenken von dem heimischen Elend im Krieg bzw. von einer schönen Welt träumen lassen? Soll es zeigen, wie die Welt für die Frauen der Soldaten aussieht, wenn ihre Männer nach siegreichem Kampf zurückkehren?

M 8, S. 70
Frau in Motoradkleidung, Fotografie aus der deutschen Zeitschrift „Die Dame", 1936

Das Foto entstand 1936, also in der Zeit des wirtschaftlichen Aufbruchs im nationalsozialistischen Deutschland. Ein Kennzeichen für Modernität war die Motorisierung der Gesellschaft, die freilich schon vorher einsetzte und sich nach 1945 zur Massenerscheinung entwickelte. Auch Frauen begleiteten ihre Motorrad fahrenden Männer, in seltenen Fällen steuerten sie selbst ein Motorrad. Das Foto von der Frau in Motorradkleidung, auf dem diese ohne Hintergrund posiert und ihr Gesicht fast mehr im Vordergrund steht als die wie Staffage wirkende, zweckmäßige Motorradkleidung, soll offenbar verdeutlichen, dass auch die Motorrad fahrende sportliche Frau ganz „Dame" bleiben müsse. Das maskenhaft geschminkte Gesicht dient ähnlich wie die weiße Kleidung dazu, Stolz, Distanz und Zurückhaltung zu versinnbildlichen.

M 9, S. 70
Aufseherin des Frauenkonzentrationslagers Ravensbrück mit ihrem Schäferhund, Fotografie, undatiert

Das erste Merkmal der Lager-SS war ihre militärische Rang- und Statusordnung. Orientiert am Ideal des „politischen Soldaten", für den der terroristische Dauerkampf gegen den „inneren Feind" zur Lebensform wurde, zeichnete sie sich durch eine gewisse Militarisierung aus. Ihre Mitglieder trugen einheitliche Uniformen mit Abzeichen, die formal und unpersönlich wirkten. Dementsprechend stellt das Foto auch nicht auf die Weiblichkeit oder die Individualität der KZ-Aufseherin ab, sondern auf ihre Uniform, die Autorität und Macht ausstrahlen soll. Dieser Eindruck wird zusätzlich verstärkt durch den Schäferhund mit SS-Abzeichen, der Respekt einflößen, vor allem aber Wehrhaftigkeit signalisieren soll.

Zu Aufgabe 12, S. 70
Vgl. die Erläuterungen zu M 1 und M 6 bis M 9. Tafelanschrieb siehe unten.

Zu Aufgabe 13, S. 70
Folgende Thesen und Fragerater bieten sich zur Strukturierung der Diskussion an:
Indem das Foto die Zeit aufhebt, d. h. sie durch Abbildung bewahrt und sie jederzeit und überall wieder sichtbar machen kann, wird sie zu einem historischen Dokument:
a) als Gebrauchs- oder professionelle Fotografie, z.B. von Fotoreportern, Modefotografen,
b) als Amateurfotografie,
c) als eigenständiges Kunstwerk.
Die Fotografie als eine solche Bildquelle ist zunächst wie jede andere Quelle zu behandeln:
 1. *Wann ist sie entstanden?*
 2. *Was stellt sie dar?*
 3. *Wer hat in wessen Auftrag fotografiert?*
 4. *Für welche(n) Adressaten ist die Fotografie gemacht worden?*
Der schlechte Zustand der Aufbewahrung und Dokumentation der Masse der Fotografien macht es in der Regel sehr schwer, die quellenkritischen Fragen vollständig zu beantworten; sie bleiben aber notwendig für eine möglichst gesicherte historische Aussage.
Auch für die Interpretation von Fotografien gelten dieselben Regeln wie für andere Bildmedien. Denn Fotos scheinen nur die Wirklichkeit abzubilden, tatsächlich aber bieten sie bearbeitete Realität:
 5. *Welches Motiv hat der Fotograf ausgewählt?*
 6. *Welchen Bildausschnitt und welchen Blickwinkel hat er bestimmt?*
 7. *Welche Belichtungsdauer hat er eingesetzt?*
 8. *Welche Brennweite des Objektivs hat er benutzt und damit Nähe oder Ferne bzw. Dehnung oder Stauchung des Objekts beeinflusst?*
 9. *Welches Fotopapier hat er schließlich gewählt?*
 10. *Welche Retuschierung hat er eventuell vorgenommen?*

Frauenbilder				
Ausstellungsplakat der NSDAP (M 1)	Verleihung des Mutterkreuzes (M 6)	Fotomodell hinter Reiterstatue (M 7)	Frau in Motorradkleidung (M 8)	Aufseherin im KZ (M 9)
Mutter und Madonna	Gebärerin und Mutter	Schmückendes Beiwerk des Mannes	Sportskameradin und Dame	Wehrhafte Respektsperson

TAFEL-ANSCHRIEB

Aber trotz aller Manipulationsmöglichkeiten bleibt nach Wolfgang Ruppert das Foto „dasjenige visuelle Medium, das eine Annäherung an die Wirklichkeit mit dem höchsten Authentizitätsgrad erlaubt". Auf den chemischen Grundprozess, Wirklichkeit mittels Licht auf einem Film abzubilden, hat der Fotograf keinen Einfluss.

Weiterführende Literatur und Arbeitsvorschläge:
Volker Bauer u. a., Methodenarbeit im Geschichtsunterricht, Cornelsen, Berlin 1998, S. 86–90.

Zu Aufgabe 14, S. 70

Eine wertvolle Orientierungshilfe für diese Diskussion bietet der folgende Text des Historikers Bernd Jürgen Wendt, der auch zur Vertiefung bzw. Ergänzung herangezogen werden kann:
„Vielfach wird heute die Ansicht vertreten, die Konsequenzen einer fortschreitenden Industrialisierung im Allgemeinen und die Zwänge des nationalsozialistischen Aufrüstungs- und Kriegskurses im Besonderen hätten allen rückwärts gewandten Utopien zum Trotz eine gesellschaftliche ‚Modernisierung wider Willen' in Deutschland gefördert. Dieser Prozess der Modernisierung habe auch vor der Stellung der Frau in Wirtschaft und Gesellschaft nicht Halt gemacht. Zwar habe man den Frauen wie den meisten Deutschen damals die politischen Rechte genommen. ‚Tendenzen sozialer Mobilität und Egalität' hätten jedoch die überkommenen Gesellschaftsstrukturen verändert und auch die ‚ökonomische Emanzipation' der Frau beschleunigt.

Diese These eines tief greifenden sozialen Wandels für die Rolle der Frau in der modernen Industriegesellschaft im ‚Dritten Reich' verlangt eine Differenzierung. Zunächst einmal haben intensive Befragungen von Frauen nach dem Kriege, die 1933 bis 1945 etwa zwischen dem zwanzigsten und vierzigsten Lebensjahr im Arbeitsprozess standen, eindeutig ergeben, dass sie die vielen Möglichkeiten, die sich ihnen, nachdem die Männer zur Wehrmacht eingezogen worden waren, auf einmal beruflich im Dienstleistungssektor und im Büro, als Angestellte, technische Assistentin oder als Sekretärin boten, subjektiv durchaus als sozialen Aufstieg empfunden haben. Sie nahmen die Chance, aus der Enge eines haus- oder landwirtschaftlichen, eines dörflichen oder kleinstädtischen Milieus oder auch aus der eintönigen, schweren und niedrig bezahlten Schmutzarbeit in der Fabrik in die Großstadt, an einen ‚sauberen' Arbeitsplatz, aus der verschmierten blauen Montur der Arbeiterin in den weißen Kittel der An-

gestellten zu wechseln,, mit dem sich seit jeher ein höheres Sozialprestige verband, rückblickend als eine sehr positive Seite des NS-Regimes wahr. In kommunalen Verkehrsbetrieben, bei der Reichspost oder Reichsbahn, im privaten Handel oder in der Verwaltung konnte man für die eingezogenen Männer einspringen und ein Stück mehr Verantwortung übernehmen, auf der gesellschaftlichen Rangskala ein wenig emporsteigen. Diese eindeutig positive Erinnerung wurde auch dadurch nicht wesentlich getrübt, dass viele Frauen nach Rückkehr der Männer ihren Arbeitsplatz wieder räumen mussten und dadurch auf ihre ‚Lückenbüßerfunktion' während des Krieges gestoßen wurden. Die meisten taten dies klaglos, denn die schweren materiellen und psychischen Belastungen der Nachkriegszeit gerade für Hausfrauen und Mütter ließen sie den Ausstieg aus der Erwerbstätigkeit weit eher als Erleichterung denn als gesellschaftlichen ‚Makel' empfinden. [...] Frauen und Töchter aus so genannten ‚besseren Kreisen' wurden nicht selten von der allgemeinen Dienstverpflichtung freigestellt. Sie gingen mit Hilfe ihrer Beziehungen zu einflussreichen Leuten so genannte ‚Scheinarbeitsverhältnisse' ein, besorgten sich ärztliche Atteste oder nutzten anderweitig ihre gesellschaftlichen Verbindungen für Ausnahmeregelungen. Nicht wenige widmeten sich auch ehrenamtlich sozialen Diensten oder ließen sich mit einem der vielen unteren Parteiämter betrauen. Ehefrauen von höheren Beamten und Angestellten, von Unternehmern, Offizieren oder Parteifunktionären wehrten sich gegen die ‚bolschewistischen Methoden' und die ‚Eingriffe in persönliche Rechte' bei der Dienstpflicht. Sie bestanden darauf, sich auch weiterhin Hausangestellte zu halten. Vielfach waren es auch gerade die Männer, auch Soldaten an der Front, die ihren Frauen verboten, ein Arbeitsverhältnis einzugehen.

Diese offenkundige Diskriminierung der ‚Arbeitspferde' in den unteren Schichten führte zu einer starken und mit dem Kriege fortschreitenden Verbitterung und zu einem Absinken der Arbeitsmoral unter den durch den Arbeitsprozess und die Sorgen um den Erhalt der Familie besonders belasteten ‚Volksgenossinnen' in den rüstungswichtigen Betrieben. [...]

Auch ein Blick auf die objektive Situation der Frauen im ‚Dritten Reich' nimmt der These vom Emanzipations-, Mobilisierungs- und sozialen Modernisierungsschub damals einiges von ihrer Überzeugungskraft. Frauen waren und blieben ‚Lückenbüßer' auf dem Arbeitsmarkt und auch so etwas wie eine ‚aka-

demische Reservearmee', bis die Männer zurückkamen und die Kriegsverluste wieder ausgeglichen waren. Ihre Aufstiegschancen in leitende und verantwortliche Positionen waren in der Privatwirtschaft, aber auch im öffentlichen Dienst und beim Staat nach wie vor sehr begrenzt und in der Partei [...] völlig blockiert."
(Bernd Jürgen Wendt, Deutschland 1933–1945. Das „Dritte Reich". Handbuch zur Geschichte, Fackelträger, Hannover 1995, S. 258–260)

Notizen

Kapitel 8:
Die Verfolgung der europäischen Juden

Hinweise zur Arbeit mit den Materialien
Siehe den Kasten im Schülerband S. 74.

M 1, S. 74 f.
Aus dem Tagebuch Victor Klemperers
vom Frühjahr 1933

Die Quelle dokumentiert zum einen die ersten Maßnahmen der Nationalsozialisten gegen deutsche Juden. Hierzu gehört der Aufruf zum Boykott jüdischer
Geschäfte vom März 1933 (s. die Erläuterung zu SB
M 2, S. 75), wobei derartige Maßnahmen nicht reli-
giös, sondern mit dem Hinweise auf die Gefährlichkeit der jüdischen „Rasse" begründet wurden. Erwähnt wird auch die Misshandlung und Verfolgung
der kommunistischen Regimegegner. Zum anderen
geht aus der Quelle hervor, wie deutsche Juden auf
die NS-Politik reagierten. Klemperer und seine
Freunde, Angehörige des gehobenen Bildungsbür-
gertums, nahmen die NS-Herrschaft als Schreckens-
herrschaft wahr, betrachteten sich als Geiseln und
rechneten mit zahlreichen Todesopfern unter ihren
Glaubensbrüdern. Doch sie ahnten im März 1933
noch nicht, zu welch schrecklichen Konsequenzen
der nationalsozialistische Judenhass in den folgenden Jahren führen würde. Sie verglichen die NS-Politik mit mittelalterlichen Pogromen und erwarteten
ein baldiges Ende der nationalsozialistischen Herrschaft wie auch der Judenverfolgung. Bei ihrer Interpretation, nach der die NS-Judenpolitik ein Rückfall
des modernen Deutschland ins Mittelalter darstellte,
die sie mit Scham erfüllte, verkannten sie jedoch das
grundsätzlich Neuartige der Nazi-Barbarei, die im
Völkermord endete.

Zu Aufgabe 1, S. 75
Vgl. die Erläuterung zu M 1.

Zu Aufgabe 2, S. 75
Der Satz: „Offenbar Widerstand im Aus- und Inland
und offenbar von der anderen Seite Druck der nationalsozialistischen Straße" trifft durchaus die Realität des Jahres 1933. Zahlreiche Anhänger und Parteimitglieder forderten nach der Machtübernahme
von der NS-Führung ein hartes Vorgehen gegen Juden. Die antijüdischen Ausschreitungen vom März
1933 waren eine Reaktion der Partei darauf. Doch
mussten die neuen Machthaber zu dieser Zeit noch
Rücksicht nehmen auf ihre konservativ-bürgerlichen

Koalitionspartner, den Reichspräsidenten, die Reichswehr, die Bürokratie und die Wirtschaft. Außerdem
wollte der NS-Staat die internationalen Beziehungen
vornehmlich aus wirtschaftlichen Gründen zu den
USA und Großbritannien nicht allzu sehr belasten.
Die Handlungsspielräume für effektiven Widerstand
lassen sich nur schwer ausloten. Fest steht, dass sich
einige jüdische Geschäftsleute erfolgreich gegen
den Boykott ihrer Läden wehrten. Ein Beispiel beschreibt der Historiker Peter Longerich in seinem
Buch „Politik der Vernichtung. Eine Gesamtdarstellung der nationalsozialistischen Judenverfolgung"
(Piper, München 1998, S. 27 f.): „So postierte sich
etwa, einem Bericht des CV-Rheinland zufolge, in
Wesel ein örtlich sehr bekannter jüdischer Ge-
schäftsmann in der Uniform seines alten Regiments,
neben den vor seinem Geschäft aufgestellten SA-
Mann und verteilte eigene Flugblätter. Dort hieß es
unter anderem: ‚Wir fassen diese Aktion, die Hand in
Hand mit verleumderischen Behauptungen in der
Stadt geht, als Angriff auf unsere nationale und bürgerliche Ehre auf und als eine Schändung des An-
sehens von 12 000 gefallenen deutschen Frontsol-
daten jüdischen Glaubens.' Das Geschäft wurde
daraufhin außerordentlich stark frequentiert, und
zwar, wie der Bericht des CV vermerkte, vor allem
von ‚Damen und Herren der gutbürgerlichen Kreise
Wesels, den Gattinnen ehemaliger Offiziere der We-
seler Regimenter usw., hauptsächlich also aus Leuten, die politisch durchaus rechts stehen'. Die Firma
hatte in den folgenden Tagen ‚dauernd Besuch von
rechtsstehenden Persönlichkeiten, die ihrem Bedau-
ern über den Vorfall Ausdruck gaben und sich mit
Entschiedenheit von der Boykottierung distanzierten'. Der Abscheu des konservativen Bürgertums gegen die ungesetzlichen Aktionen der ‚plebejischen'
SA, der bei diesem Vorfall exemplarisch deutlich
wird, hatte jedoch auf politischer Ebene keine nach-
haltige Intervention der gemäßigten Rechtsparteien
innerhalb der Regierung zugunsten der angegriffe-
nen jüdischen Geschäftsinhaber zur Folge."

M 2, S. 75
Boykott jüdischer Geschäfte
am 1. April 1933, Fotografie

Der Geschäftsboykott verlief in der Regel überall
nach dem gleichem Muster: Zunächst demonstrier-
ten Anhänger und Mitglieder der NSDAP lautstark

vor jüdischen Geschäften und beklebten die Schaufenster mit Plakaten, auf denen vor dem Einkauf bei Juden gewarnt wurde. Sodann wurden uniformierte SA- und SS-Posten aufgestellt, die mögliche Kunden abschrecken sollten, deren Namen notierten oder sie fotografierten. Schließlich kam es meist zu größeren Menschenaufläufen und tumultartigen Szenen, woraufhin die Geschäftsinhaber ihre Läden schlossen.

Sowohl der deutsche wie der englische Text sollten den Eindruck einer defensiven Reaktion von politischer Führung und NSDAP gegen jüdische Gräuelpropaganda erwecken. Nicht das NS-Regime ging danach planmäßig gegen Juden vor, sondern man wehrte sich angeblich gegen die Verunglimpfung durch Juden. Diese Darstellung, die die Wirklichkeit auf den Kopf stellte, sollte sowohl die konservativ-bürgerlichen Koalitionspartner der Nationalsozialisten wie auch das Ausland beruhigen. Noch wollte das NS-Regime die wichtigen Außenhandelsbeziehungen besonders zu den USA und Großbritannien nicht durch allzu forsches Vorgehen gegen Juden gefährden. Und Deutschland sollte im Ausland bzw. bei ausländischen Besuchern einen positiven Eindruck erwecken. Das erklärt die englische Übersetzung auf dem Plakat in M 2.

Zu Aufgabe 3, S. 75
Vgl. die Erläuterung zu M 2.

M 3, S. 75 f.
Die „Nürnberger Gesetze"

Das „Reichsbürgergesetz" besaß folgende wesentliche Auswirkungen für die Juden:
– Verlust des Wahlrechts, der bürgerlichen Ehrenrechte;
– Aufhebung des Gleichheitsgrundsatzes für alle Staatsangehörigen.

Das „Gesetz zum Schutz des deutschen Blutes" führte zur scharfen Abgrenzung zwischen der jüdischen und nichtjüdischen Bevölkerung: Erschwerung oder Verhinderung von normalen Bekanntschaften, Diskriminierung jüdischer Freunde, Verdrängung der Juden aus dem öffentlichen und privaten Leben der Bevölkerungsmehrheit, schließlich: allmähliche Rechtlosigkeit der Juden bis 1939 durch ca. 250 Verordnungen.

Zu Aufgabe 4, S. 76
Vgl. die Erläuterung zu M 3.

Zu Aufgabe 5, S. 76
Vgl. die Erläuterung zu M 3.

M 4, S. 76
Seite aus einem nationalsozialistischen Kinderbuch, 1936

Der nationalsozialistische Rassenantisemitismus rechtfertigte die Ablehnung oder Bekämpfung der Juden nicht mehr wie in früheren Zeiten mit religiösen und sozialen Gründen, sondern mit dem Hinweis auf die „rassisch" bedingte Verderbtheit der Juden. Anhand äußerer Merkmale versuchten die Nazis eine jüdische Rasse zu konstruieren, die gegenüber der „arischen" bzw. germanischen minderwertig und kulturzersetzend sei, keine eigenen Leistungen vollbringe und nur an den geistigen wie materiellen Gütern höher stehender Rassen und Völker schmarotze. Der Rassenantisemitismus betrachtete daher „den Juden" bzw. „das Judentum" als Feind der Menschheit.

Die Seite aus dem Kinderbuch veranschaulicht mit einfachsten sprachlichen und bildlichen Mitteln den NS-Rassenantisemitismus. Dem Nichtjuden werden Eigenschaften wie Stolz, Fleiß, Kampf, Schönheit und Mut zugeschrieben. Das Bild zeigt dementsprechend einen stilisierten hochgewachsenen athletischen und blonden jungen Mann mit einer Schaufel in der Hand, der ernst und entschlossen in die Zukunft blickt. Dagegen erscheint der Jude im Text als hässlicher Schuft. Dieses Feindbild wird illustriert durch einen kleingewachsenen fetten älteren Mann mit Glatze und Judennase, der verschlagen blickt. Die Aktentasche signalisiert dabei, dass er sich nicht mit seiner eigenen Hände Arbeit am Aufbau des Landes beteiligt, sondern in einem Büro auf Kosten der Allgemeinheit sein Dasein fristet – eben ein „Schmarotzer" und „Zerstörer" des „Volkskörpers".

M 5, S. 76 f.
Die Reichspogromnacht 1938

Die Quelle (SB M 5 a, S. 76 f.) verdeutlicht, dass die NS-Führung das Attentat des 17-jährigen Juden Herschel Grynspan auf den Gesandtschaftsrat in der deutschen Botschaft in Paris am 7. November 1938 bewusst und planmäßig zum Anlass für von oben gesteuerte Ausschreitungen gegen Juden nahm. Nach außen sollten die Pogrome als spontane Proteste der Bevölkerung erscheinen. In Wirklichkeit jedoch zerstörten nationalsozialistische Trupps, die von Goebbels in Absprache mit Hitler aufgehetzt waren, Synagogen sowie jüdische Geschäfte, Wohnungen und Friedhöfe.

Gleichzeitig wird an der Reichspogromnacht sichtbar, wie die Nationalsozialisten die Judenverfolgung verschärften bzw. die Lebensbedingungen der Juden verschlechterten (SB M 5 b, S. 77). Um die deutsche Volkswirtschaft zu schonen, bürdete das NS-Regime der Juden als „Sühneleistung" die Kosten für die entstandenen Schäden auf.

M 6, S. 78
Geschäftspostkarte einer Münchener Firma von 1939

Die Postkarte veranschaulicht die nationalsozialistische „Arisierungs"-Politik, die 1938 begann und die Judenverfolgung in Deutschland verschärfte. Der NS-Staat erließ Gesetze und Verordnungen, die auf eine Ausplünderung und Enteignung der noch in Deutschland lebenden jüdischen Bevölkerung zielten. Hauptzweck dieser planmäßigen und praktisch entschädigungslosen Maßnahmen war die Aneignung jüdischer Vermögen und Wirtschaftsbetriebe, in diesem Falle eines jüdischen Optikunternehmens.

Zu Aufgabe 6, S. 77
Vgl. die Erläuterung zu M 5 a.

Zu Aufgabe 7, S. 77
Vgl. die Erläuterung zu M 5 a.

Reichspogromnacht	
Vorgeschichte	Attentat des Juden Grynspan auf den deutschen Gesandten in Paris, Rath
Verantwortlichkeit	NS-Führung
Durchführung	Heimliche Aufwiegelung von NSDAP und anderen Parteiorganisationen
Herrschaftsmethode	Terror und Gewalt, Sondergesetze
Folgen	Rechtlosigkeit der Juden, Ausplünderung und Enteignung

Zu Aufgabe 8, S. 77
Vgl. die Erläuterung zu M 4.
(Siehe Tafelanschrieb rechts)

Zu Aufgabe 9, S. 77
Vgl. die Erläuterung zu M 5 a und M 6.
Vgl. die Erläuterung zu M 5 b und M 6 sowie Tafelanschrieb.

M 7, S. 78
Aus der Reichstagsrede Adolf Hitlers vom 30. Januar 1939

In dieser Reichstagsrede sprach Hitler in prophetischen Worten davon, dass ein künftiger Krieg die „Vernichtung der jüdischen Rasse in Europa" zur Folge haben werde. Zwar begann mit der Entfesselung des Zweiten Weltkrieges tatsächlich der systematische Völkermord an den Juden. Doch bedeutet Hitlers Vernichtungsankündigung nicht, dass die NS-Führungsspitze bereits zu diesem Zeitpunkt fest dazu entschlossen gewesen wäre, die europäischen Juden bei der nächsten sich bietenden Gelegenheit mit einem Massenmord zu überziehen. Die neuere Forschung betont die Mehrdeutigkeit der Rede. In seiner Gesamtdarstellung der NS-Judenverfolgung betont der Historiker Peter Longerich die taktische Absicht der Erklärung Hitlers: „Durch die Vernichtungsdrohung sollte der Vertreibungsdruck auf die deutschen Juden erhöht und die Aufnahmebereitschaft des Auslands erpresst werden."

M 8, S. 78
„Umsiedlung"

Die Entscheidung Heydrichs bedeutete einen Wendepunkt in der Umsiedlungspolitik. Es ging nun nicht mehr darum, möglichst massenweise Polen und Juden aus den eingegliederten Ostgebieten in das Generalgouvernement abzuschieben. Für eine begrenzte Zeit sollten die Deportationen einen anderen Akzent erhalten:
- In das Generalgouvernement abgeschoben werden sollten lediglich 40 000 Juden und Polen für die einzusiedelnden Baltendeutschen.
- 120 000 Polen sollten Wolhyniendeutschen Platz machen.
- Als „letzte Massenbewegung" war die Abschiebung von sämtlichen Juden der neuen Ostgaue sowie von 30 000 Zigeunern aus dem Reich vorgesehen. Das waren insgesamt mehr als eine halbe Million Menschen.

Eigenwahrnehmung	Feindbild
Der Deutsche ist	Der Jude ist
• stolz	• hässlich
• fleißig	• verschlagen
• kämpferisch	• faul
• schön	• fett
• mutig	• Schmarotzer
	• Zerstörer

– Angekündigt wurde die kurzfristige Abschiebung von 1000 Juden aus dem Altreichsgebiet, nämlich aus Stettin.

M 9, S. 79
Rede des Generalgouverneurs Hans Frank zur „Judenfrage" in einer Sitzung der Regierung des Generalgouvernements vom 16. Dezember 1941 (Auszug aus dem Protokoll)

Die Rede ist ein wichtiger Beleg für die von der NS-Führung ausgehende Radikalisierung der Judenverfolgung. Es wird deutlich, dass die ursprüngliche Absicht, die Juden des Generalgouvernements in die besetzten sowjetischen Gebiete zu deportieren, aufgegeben worden war. Ausdrücklich wird jetzt das Ziel formuliert, dass mit den Juden „so oder so Schluss gemacht werden" müsse. In diesem Zusammenhang erinnert der Generalgouverneur an Hitlers Vernichtungsankündigung aus dem Jahre 1939. Die Schlussfrage ist eher rhetorisch gemeint. Was mit den Juden zu geschehen habe, beantwortet Frank in seiner Rede selbst, die so weitergeht: „Man hat uns in Berlin gesagt: Weshalb macht man diese Scherereien; wir können im Ostland oder im Reichskommissariat auch nichts mit ihnen anfangen, liquidiert sie selber! Meine Herren, ich muss Sie bitten, sich gegen alle Mitleidserwägungen zu wappnen. Wir müssen die Juden vernichten, wo immer wir sie treffen und wo es irgend möglich ist, um das Gesamtgefüge des Reiches hier aufrechtzuerhalten." Die Methode und der Zeitraum für diesen Massenmord waren allerdings noch offen.

Zu Aufgabe 10, S. 79
Etappen des nationalsozialistischen Verbrechens an den Juden
(Siehe Darstellung Seite 58.)

M 10, S. 79 f.
Die Wannsee-Konferenz

Zum politisch-militärischen Hintergrund des Dokumentes sind folgende wesentliche Punkte zu nennen:
Politischer Hintergrund (Exekutive):
– Beauftragung Heydrichs durch Hermann Göring (Reichsmarschall);
– Federführung Heinrich Himmlers;
– unklare Befehlslage durch Hitler, Vorbehalt für zu beschließende Maßnahmen im Einzelnen.
Militärischer Hintergrund:
– keine Hinweise

Mit Blick auf einen weiter reichenden politisch-militärischen Hintergrund sind zu nennen:
– Hoffnung auf Sieg über die Sowjetunion;
– Hegemonie des NS über Europa;
– Chance für ein „judenfreies Europa" (Endlösung).
Als nationalsozialistische Ziele werden in der Niederschrift formuliert:
– organisatorische Koordination der Judenverfolgung;
– gesetzliche Grundlage: Nürnberger Gesetze;
– Ablösung der Auswanderung der Juden durch Evakuierung nach Osten;
– Evakuierung als Übergangslösung;
– Evakuierung als Erfahrungsfeld für die Endlösung;
– Hauptziel – Endlösung als Vernichtung: indirekt durch Arbeit, direkt durch „entsprechende" Behandlung (Ermordung)
Zum Verhältnis von Zielen und Sprache:
– „Sprache des Unmenschen";
– Euphemistische Benennung von Verbrechen durch „harmlose" bürokratische Begriffe:
 – „Endlösung", „restlose Beseitigung des Problems" = Vernichtung, Ermordung;
 – „natürliche Verminderung" = Ermordung durch Arbeit und Belastung;
 – „entsprechend behandeln" = ermorden;
 – „Evakuierung" = Gettoisierung, Inhaftierung in Konzentrationslagern.

Zu Aufgabe 11, S. 80
Vgl. die Erläuterung zu M 10.

Zu Aufgabe 12, S. 80
Bis zum Sommer/Herbst 1941 kann man noch nicht von einem „planmäßigen" Vorgehen gegen die Juden sprechen. Die unterschiedlichen Maßnahmen liefen unkoordiniert nebeneinanderher: Deportationen, Umsiedlungen, Arbeitslager, Gettoisierung und Massenerschießungen. Zur besseren Organisation der Judenverfolgung beauftragte Göring am 31. Juli 1941 Heydrich im Namen des „Führers" mit den „Vorbereitungen für eine Gesamtlösung der Judenfrage im deutschen Einflussbereich in Europa". Auf Einladung Heydrichs trafen sich am 20. Januar 1942 die Staatssekretäre der betroffenen Stellen (Partei- und Reichskanzlei, Innen-, Justiz- und Ostministerium, Auswärtiges Amt, Organisation des Vierjahresplans und Amt des Generalgouverneurs), um die weiteren Maßnahmen zu beraten. Die Besprechungen dieser „Wannsee-Konferenz" führten zu dem Beschluss, die Juden in ganz Europa zunächst als Ar-

Tafelbild zu Aufgabe 10, S. 79	Etappen des nationalsozialistischen Verbrechens an den Juden

Verbrechen an deutschen Juden

Entrechtung und Verfolgung	Boykott der Geschäfte, 1. 4. 1933 Entfernung aus den Beamtenstellen, 7. 4. 1933 rechtliche und rassistische Diskriminierung in den Nürnberger Gesetzen, 15. 9. 1935 weitere schrittweise Entrechtung, bis 1939 organisierter Terror in der „Reichskristallnacht", 9. 11. 1938 Verdrängung aus den meisten Berufen, „Arisierung" der Vermögen Pläne zur staatlich verordneten Auswanderung, seit 1939	„Territoriale Endlösung"
Vernichtung aller europäischen Juden	Vernichtungsankündigung Hitlers, 30. 1. 1939 Massenerschießungen polnischer Juden nach dem Sieg über Polen, Herbst/Winter 1939 Deportationen in polnische Gettos, 1939/40 Pläne zur Deportation nach Madagaskar, 1940, nach Sibirien, 1941 Massenerschießungen von Juden in den eroberten Gebieten der Sowjetunion 1941/42 Wannsee-Konferenz zur „Endlösung der europäischen Judenfrage", 21. 1. 1942 Deportation der Juden aus dem deutschen Herrschaftsbereich in Vernichtungslager im Osten, bis Herbst 1944	„Physische Endlösung"
	Tötung von 6 Mio. Juden, bis 1945	

beitskräfte optimal auszubeuten und sie anschließend zu ermorden.

Der Völkermord an den Juden war aber bereits vor der Wannsee-Konferenz in vollem Gange. Im Juni 1941 hatte Himmler dem Kommandeur des Konzentrationslagers Auschwitz befohlen, große, im „Euthanasie"-Programm erprobte Vergasungsanlagen zu besorgen, und im Herbst 1941 begann dort die physische Vernichtung der Juden Europas. Die Wannsee-Konferenz schuf jedoch erst die organisatorischen Voraussetzungen für den unvorstellbaren Massenmord, indem sie die Bürokratie auf die bevorstehende „Endlösung" einschwor. Sie koordinierte die Maßnahmen der zuständigen Ministerien und der obersten Reichsbehörden und stellte so deren reibungsloses Zusammenspiel sicher. Da man bei diesem verbrecherischen Vorhaben das Licht der Öffentlichkeit scheute, wurden alle Vorbereitungs- und Vernichtungsaktionen unter striktem Stillschweigen durchgeführt.

M 11, S. 80
Bahnhof in Hanau am 28. Mai 1942, gegen 16 Uhr, Fotografie

Das Foto zeigt, dass jüdische Mitbürger, erkennbar am gelben Stern, am hellichten Tag von der SS zusammengetrieben und abtransportiert wurden. Das konnte der deutschen Bevölkerung nicht verborgen bleiben. Die Juden durften nur wenige persönliche Habseligkeiten mitnehmen, wie deren geringes Gepäck verdeutlicht.

M 12, S. 80 f.
Aus dem Tagebuch von
Ruth Andreas-Friedrich, die mit den „Frauen der Rosenstraße" im März 1943 in Berlin Widerstand gegen die Verhaftung ihrer jüdischen Männer leistete

Der Text dokumentiert eine der wenigen öffentlichen Protestaktionen gegen die nationalsozialistische Judenpolitik. Der Anlass war die „Entjudung" der Reichshauptstadt Ende Februar 1943. Dabei wurden die bisher durch Zwangsarbeit in der Rüstungsindustrie vor Deportation geschützten „Rüstungsjuden" sowie die in „Mischehen" lebenden jüdischen Männer in den Osten abtransportiert. Die „arischen" Ehefrauen dieser Männer erschienen in großer Zahl vor dem Sammellager und verlangten, unterstützt von Passanten, die sich auf ihre Seite schlugen, die Freilassung ihrer Ehemänner. Aufgeschreckt durch diese massive und spontane Gegen-

wehr, gab die Gestapo nach und setzte die jüdischen Ehemänner wieder auf freien Fuß.

M 13, S. 81
Jüdischer Widerstand – Der Historiker Wolfgang Wippermann berichtet über die „Gruppe Baum" (1999)

Der Text dokumentiert den Widerstand der „Gruppe Baum" – eine der wenigen jüdischen Widerstandsorganisationen in Deutschland, deren Tätigkeit sich anhand von Quellen belegen lässt. Deutlich wird, dass diese Juden bereits vorher in kommunistischen, sozialistischen und zionistischen Organisationen engagiert, also hoch politisiert waren. Sie schlossen sich 1939 zu einer Widerstandsgruppe zusammen und verteilten antifaschistische Flugblätter. Höhepunkt ihrer Aktivitäten war im Mai 1942 ein Brandanschlag auf die antisowjetische Ausstellung „Das Sowjetparadies"; nach diesem Anschlag wurden sie verhaftet und hingerichtet.

Zu Aufgabe 13, S. 81

Didaktisch-methodischer Hinweis: Die Diskussion kann sich auf folgende zentrale Themen konzentrieren: Erstens sollte am Beispiel des Protestes der „Frauen der Rosenstraße" deutlich werden, dass in einem totalitären und damit auch total politisierten Regime jeder Versuch als Widerstand zu deuten und zu würdigen ist, der sich den Zumutungen und Ansprüchen des Systems widersetzt. Das gilt in besonderer Weise für jene „unbesungenen Helden" oder „Heldinnen" wie die „Frauen der Rosenstraße", die sich dem zentralen Bereich des nationalsozialistischen Selbstverständnisses entzogen. Ihr Erfolg, wenigstens einige wenige Juden der SS-Vernichtungsmaschinerie zu entreißen, blieb jedoch die Ausnahme. Zwar gab es auch organisierten jüdischen Widerstand, wie, zweitens, die „Gruppe Baum" zeigt. Ihr Handlungsspielraum besaß jedoch enge Grenzen. Diese Widerstandskämpfer wurden rasch von der Gestapo aufgespürt und hingerichtet. Es ist daher, drittens, die These zu erörtern, welche anderen Möglichkeiten Juden besaßen, um der Verfolgung und Vernichtung zu entgehen. Dabei kann die These des Historikers Helmut Berding zum Ausgangspunkt genommen werden, der in seinem 1988 erschienenen Buch „Moderner Antisemitismus in Deutschland" schreibt: „Was die jüdische Minderheit betrifft, stand sie seit 1933 vor der Alternative, sich den Unterdrückungsmaßnahmen des Regimes zu beugen oder auszuwandern. Einen dritten Weg gab es nicht. Es stand zwar kurz zur Debatte, dem

Regime organisierten Widerstand zu leisten, doch wurde die Idee wegen der Aussichtslosigkeit bald verworfen."

M 14, S. 81 f.
Helfen oder wegschauen?

Sicherlich gehörten die Menschen, die unter Einsatz ihres Lebens während der NS-Zeit Juden geholfen haben, zu einer Minderheit. Aber die im Text genannte Zahl von 300 Interviews zeigt doch, dass es mehr waren als nur vereinzelte Individuen. „Nicht alle waren Mörder" – so der Titel des 1999 veröffentlichten Buches des jüdischen Schauspielers Michael Degen, der selbst dank deutscher Hilfe überleben konnte.

Die Quelle lässt folgende wesentliche Erklärungen für das passive Verhalten der Bevölkerungsmehrheit gegenüber den Juden erkennen:

– Die elitäre gesellschaftliche Rangordnung der NS-Ideologie, die zwischen „arischen Herrenmenschen" und rassisch „Minderwertigen" unterschied, verhinderte die Entstehung von Mitgefühl gegenüber dem Schicksal der Verfolgten und Entrechteten. Diese werden nicht als Menschen wahrgenommen, die sich von einem selbst kaum unterscheiden.

– Die NS-Propaganda war erfolgreich bei ihrem Versuch, die Misshandlung der Juden zum Hintergrundgeschehen werden zu lassen. Das verminderte die Aufmerksamkeit für die Judenverfolgung.

Zu Aufgabe 14, S. 82
Vgl. die Erläuterung zu M 14.

Zu Aufgabe 15, S. 82
Vgl. die Erläuterung zu M 14.

Zu Aufgabe 16, S. 82
Didaktisch-methodischer Hinweis: Ausgehend von der These, dass persönliche Kontakte unverzichtbar sind für die Ausbildung von Mitgefühl für andere Menschen und damit auch für die Entstehung von Hilfsbereitschaft, kann die Beeinflussbarkeit von Menschen in der modernen Mediengesellschaft unter zwei Aspekten diskutiert werden.

Zum einen ist der Frage nachzugehen, ob und inwieweit die von Regierungen und Militärs freigegebenen Bilder über Kriege, die vor allem die Präzision moderner Kriegstechnologie zeigen, zur Abstumpfung gegenüber dem Leid anderer führen oder führen sollen. Zum anderen ist aber auch die Wirkung von Elendsbildern aus fernen Ländern im Zusammenhang mit Spendenaktionen zu diskutieren, wobei in der Regel das Elend von Kindern im Mittelpunkt steht.

M 15, S. 82
Das Wissen über den Holocaust während der NS-Zeit

Die parteiinternen Informationen (SB M 15 a, S. 82) zeigen, dass es dem NS-Regime nicht gelang, die Judenverfolgung und -vernichtung geheim zu halten. Soldaten oder SS-Männer, die Zeugen von Massenerschießungen und anderen Vernichtungsaktionen geworden waren oder selbst daran teilgenommen hatten, erzählten im Urlaub davon. Dass das Wissen über den Genozid an den Juden während der NS-Zeit größer war als nach 1945 häufig zugegeben, bestätigt der Text des Historikers Bernd-Jürgen Wendt (SB M 15 b, S. 82). Außer den Informationen der Fronturlauber nennt Wendt noch zwei andere Quellen: Die Menschen im Reich sahen die Zwangsräumungen, Zusammenstellungen von Transporten und Deportationszügen unmittelbar. Und die NS-Führung selbst enthüllte durch ihre Mord- und Vernichtungsankündigungen gegenüber den Juden ihre grausamen Ziele.

Zu Aufgabe 17, S. 82
Vgl. die Erläuterung zu M 15 und M 11.

Notizen

Kapitel 9: Die „anderen" Opfer des nationalsozialistischen Rassismus

Hinweise zur Arbeit mit den Materialien
Vgl. den Kasten im Schülerband S. 86.

M 1, S. 84
Der SS-Arzt Dr. Josef Mengele, Fotografie um 1942

Zur Person: s. SB S. 157
Zur Quelle: Das Foto dient dazu, dass mit dem Namen Josef Mengele eine konkrete Person verbunden werden kann. Die Bildunterschrift ergänzt die Informationen zur Person.

M 2, S. 86
Aus dem Runderlass Heinrich Himmlers vom 8. Dezember 1938

Zu den ideologischen Grundlagen und zur historischen Einordnung: Der Rassismus war einer der Grundpfeiler der NS-Weltanschauung. Kennzeichnend für rassistisches Denken ist erstens die pseudowissenschaftliche Auffassung, dass biologische und damit erbliche Merkmale das gesamte menschliche, also auch das politisch-soziale Verhalten bestimmen. Zweitens unterstellt der Rassismus die Höher- bzw. Minderwertigkeit unterschiedlicher „Rassen". Mit dieser Annahme verbunden ist eine sozialdarwinistische Interpretation der Geschichte. Sie erscheint als ständiger Kampf der Individuen und Völker, der Staaten und „Rassen", wobei sich stets der Stärkere gegenüber dem Schwächeren durchsetze.
Der Rassismus war keine „Erfindung" der Nationalsozialisten, sondern hatte sich im späten 19. Jahrhundert entwickelt. Damals entstand aus einer Verbindung von Wissenschaftsgläubigkeit, Erbbiologie und Medizin die Lehre von der Rassenhygiene. Ihr lag in der Regel der Glaube zu Grunde, dass biologische Erkenntnisse über das Wesen des Menschen gesellschaftliche Prozesse beeinflussen könnten. Die von der modernen Rassenlehre ausgehende Biologisierung des Sozialen hatte einschneidende Folgen: Unter Berufung auf die Naturwissenschaften konnten christliche oder humanistische bzw. auf dem bürgerlichen Gleichheitspostulat beruhende Forderungen nach besonderer Hilfe für die Schwachen und Bedürftigen abgewehrt werden. Die Anhänger der Rassenhygiene brauchten nur auf die „schlechten" Erbanlagen dieser Menschen zu verweisen, die angeblich die Weiter- und Höherentwicklung des Volkes oder sogar der Menschheit bedrohten. In letzter Konsequenz gab die Rassenlehre damit das Recht der Individuen auf Unversehrtheit und Leben preis, zugunsten des vermeintlich höheren Wertes der „Volksgemeinschaft". Die Rassenhygiene war in Teilen der Wissenschaft vor 1933 als Eliteideologie tief verwurzelt. Aus diesen Eliten – Biologen, Genetiker, Mediziner, Kriminologen, Hygieniker, Psychiater, Pädagogen und Juristen – rekrutierten sich nach 1933 die Expertenstäbe für die nationalsozialistische Vernichtungspolitik.
Historisch neu und beispiellos am nationalsozialistischen Rassedenken und auch am Antisemitismus aber war, dass diese Ideologie seit der NS-Machtübernahme zum Inhalt staatlicher Politik wurde. Dem Rassenwahn standen nun Machtmittel eines diktatorischen Regimes zur Verfügung. Die biologistische Utopie einer nach den Prinzipien der Rassen- und Sozialhygiene durchgeformten Gesellschaft führte in ihrer Konsequenz zum staatlichen Massenmord.
Zur Quelle: Der Text lässt folgende ideologische Bewertung der „Zigeunerfrage" durch die Nationalsozialisten erkennen:
– Die „Zigeuner" sind eine eigene Rasse.
– Kennzeichen der „reinrassigen" Zigeuner ist ihr Wandertrieb, deswegen sind sie nicht sesshaft.
– „Zigeunermischlinge" sind aus „rassischen" Gründen kriminell und daher besonders gefährlich.
– Aus Gründen der Rassenhygiene müssen „reinrassige Zigeuner" und Mischlinge gesondert behandelt werden.

M 3, S. 86
Verfolgung der Sinti und Roma im von Deutschland besetzten Serbien

Das Rundschreiben begründet die Geiselnahme jüdischer Männer und männlicher Zigeuner durch deutsche Militärs mit folgenden rassenpolitischen Annahmen:
– Juden und Zigeuner sind aufgrund ihrer „Rasse" Elemente der Unsicherheit, sie gefährden die öffentliche Ordnung.
– Die Juden haben aufgrund ihres Intellekts den Krieg heraufbeschworen und sind in der Führung von Banden erheblich vertreten. Sie müssen daher vernichtet werden.
– Zigeuner sind aufgrund ihrer biologischen Merkmale kein brauchbares Mitglied der Gesellschaft.

Sie zeichnen sich durch besondere Grausamkeit und außerdem durch Spionagetätigkeit aus.

M 4, S. 86 f.
Medizin und Verfolgung

Die Quelle verdeutlicht, dass es Ziel der NS-Politik war, alle „Zigeuner" zu erfassen und unter Rassengesichtspunkten genau einzugruppieren. Die Praktiken waren dabei „wissenschaftliche" Gutachten, die nach biologischen Merkmalen folgende Gruppen voneinander abgrenzten:
- Vollzigeuner oder stammtechnische Zigeuner;
- Zigeunermischlinge, die wiederum nach ihrem „Blutanteil" eingruppiert wurden;
- Nicht-Zigeuner.

M 5, S. 87
Um ihre pseudowissenschaftlichen Theorien zu veranschaulichen, stellen „Rasseforscher" Kopfmodelle von Sinti und Roma her, Fotografien, um 1937

Die Fotos illustrieren, dass die Nationalsozialisten ihrer menschenverachtenden, barbarischen Rassenpolitik eine pseudowissenschaftliche Grundlage zu verleihen versuchten. Eine „wissenschaftliche" Methode bei der Eingruppierung von Menschen nach Rassenmerkmalen war die Vermessung der Kopfformen.

M 6, S. 87 f.
Die Lebensgeschichte des Roma Eichwald Rose

Der Text verdeutlicht das Ziel der Nationalsozialisten, ihre Politik nach rassenpolitischen Gesichtspunkten auszurichten. Um die „arische Rasse" rein zu halten, wurde der „Zigeuner-Mischling" nicht nur für sein Verhältnis mit einem deutschen Mädchen bestraft, sondern er musste sich auch sterilisieren lassen.

Die Praktiken der NS-Rassenpolitik, wie sie in der Quelle beschrieben werden, reichten von der Deportation ins Konzentrationslager, über die lebensbedrohliche Suche nach Blindgängern bis hin zur Sterilisation.

M 7, S. 88
Der Historiker Gilad Margalit zur Verfolgung der Sinti und Roma (1999)

Die zentrale These des Textes lautet: Die Sinti und Roma wurden aus rein rassenpolitischen Erwägungen verfolgt. Dagegen beruhte die Verfolgung und Vernichtung der Juden auf einer Mischung von rassenpolitischen Motiven mit bestimmten antisemitischen Vorurteilen („Weltverschwörung gegen Deutschland").

Zu Aufgabe 1, S. 88
Vgl. die Erläuterungen zu M 2 und M 3.

Zu Aufgabe 2, S. 88
Vgl. die Erläuterungen zu M 2, M 4 und M 6.

Zu Aufgabe 3, S. 88
Vgl. die Erläuterungen zu M 1 und M 5 sowie den Darstellungstext SB S. 85

Zu Aufgabe 4, S. 88
Didaktisch-methodischer Hinweis: Bei der Diskussion können zwei Gesichtspunkte in den Mittelpunkt gestellt werden. Erstens ist darauf hinzuweisen, dass die Verfolgung und Vernichtung der Juden in der Tat auf einer Verbindung von rassistischem Denken mit dem Antisemitismus beruhte, der in Deutschland eine lange Tradition besaß. Anders als in früheren Zeiten wurde die Ablehnung und Bekämpfung der Juden nun jedoch nicht mehr allein mit religiösen oder sozialen Gründen gerechtfertigt, sondern mit dem Hinweis auf ihre „rassisch" bedingte" Verderbtheit. So entstand der Mythos vom jüdisch-bolschewistischen Weltfeind, der seit 1918 zum Krieg gegen die „arische", d. h. deutsche „Herrenrasse" angetreten sei. Aber auch die Diskriminierung, Kriminalisierung und Ausgrenzung der Sinti und Roma resultierte aus einer Mischung von traditionellen Vorurteilen vom „lästigen" und nicht sesshaften „Zigeuner-Pack" mit rassistischen Motiven.

Zweitens ist auf die Problematik der NS-Rassenideologie einzugehen, die keine wissenschaftlich-rationale Grundlage besaß. Verdeutlichen lässt sich der Widersinn der Rassenideologie am Beispiel der Schwierigkeiten des NS-Regimes zu definieren, wer Jude sei. Nach dem Reichsbürgergesetz vom November 1935 war Jude, „wer von drei der Rasse nach volljüdischen Großeltern abstammte". Als volljüdisch galt ein Großelternteil, wenn es der jüdischen Religionsgemeinschaft angehörte. Daran zeigt sich die ganze Widersprüchlichkeit der NS-Weltanschauung, die Zuflucht zum Kriterium der Religionsgemeinschaft nehmen musste. Auf dieser absurden und pseudowissenschaftlichen Grundlage befassten sich in den folgenden Jahren Partei- und Staatseinrichtungen mit der Definition von „Halb"-, „Viertel"- und „Achteljuden". Was mit den einzelnen Gruppen zu geschehen habe, beschäftigte das Regime noch über Jahre hinaus. Für die Betroffenen war das die Entscheidung über Leben oder Tod.

Zu Aufgabe 5, S. 88

Als Grundlage der offenen Diskussion sowohl über kollektive und individuelle Verantwortung für die NS-Verbrechen als auch über den Verlauf der öffentlichen Debatte sollte der Darstellungstext im SB S. 124–127 herangezogen werden.

M 8, S. 89
Aus der Autobiografie von Hans Jürgen Massaquoi (1999)

Die Quelle verdeutlicht, dass Menschen schwarzer Hauptfarbe bereits in der Weimarer Zeit Diskriminierung ausgesetzt waren. Es gab jedoch Autoritäten wie in diesem Falle die Lehrerin, die sich um den Abbau von Vorurteilen bemühten und sich gegen eine herabsetzende wie herabwürdigende Behandlung andersfarbiger Menschen stark machten. In der NS-Zeit mit der zur Staatsdoktrin erklärten Rassenlehre waren Menschen anderer Hautfarbe grundsätzlich gefährdet. Fanatische SA-Männer oder die Hitlerjugend verstanden sich als Vollstrecker der NS-Rassenideologie und grenzten schwarze Mitbürger aus bzw. verfolgten sie, weil sie als „nicht-arische" Menschen angeblich Fremdkörper in der deutschen Volksgemeinschaft waren. Im Krieg kam eine weitere Bedrohung hinzu: Menschen schwarzer Hautfarbe wurden als Amerikaner („Ami-Schwein") und damit als Feinde behandelt, die Krieg gegen das Deutsche Reich führten.

M 9, S. 90
Hans Jürgen Massaquoi (geb. 1926) mit Klassenkameraden an seiner Schule in Hamburg-Barmbek, Fotografie, 1933

Das Bild kann ergänzend zu M 8 herangezogen werden.

Zu Aufgabe 6. S. 91
Vgl. die Erläuterung zu M 8.

Notizen

Kapitel 10:
Von der Militarisierung der Außenpolitik zum Kriegskurs

Hinweise zur Arbeit mit den Materialien
Siehe den Kasten im Schülerband S. 96.

M 1, S. 94
Staatsformen in Europa und die Expansion des Deutschen Reichs 1933–1939

Die Karte verdeutlicht zum einen, dass autoritäre und antidemokratische Bewegungen in den 20er- und 30er-Jahren in zahlreichen Ländern, vor allem im Süden und Südosten des Kontinents an die Macht gekommen sind, dass also der Faschismus ein gesamteuropäisches Phänomen war. Dabei ist jedoch auf die Singularität des Nationalsozialismus hinzuweisen, der allein ein umfassendes Vernichtungsprogramm besaß („Kampf um Lebensraum im Osten", „Endlösung der Judenfrage"). Zum anderen kann die Karte zur Veranschaulichung der Stationen nationalsozialistischer Aggression vor Beginn des Zweiten Weltkrieges dienen; insofern ergänzt die Karte die ausführliche Darstellung im Schülerband (SB S. 93–95).

M 2, S. 96
Aus der Reichstagsrede Adolf Hitlers vom 17. Mai 1933

Die Quelle, ein so genanntes externes, für die Öffentlichkeit bestimmtes Dokument, beteuert die friedlichen Absichten der Nationalsozialisten in der Außenpolitik. Im Einzelnen werden folgende zentrale Thesen formuliert:
– Europa wird von der kommunistischen Sowjetunion bedroht.
– Die gewaltsame Änderung des europäischen Status quo stört das Gleichgewicht der Mächte und zieht immer neue kriegerische Auseinandersetzungen nach sich.
– Neue Kriege bedeuten neue Opfer und große wirtschaftliche Not.
– Neue Kriege führen zum Zusammenbruch der europäischen Gesellschafts- und Staatenordnung.
– Deutschland will den Frieden erhalten.

M 3, S. 96 f.
Niederschrift des Obersten Hoßbach über eine Besprechung Hitlers mit führenden Militärs und einigen Regierungsvertretern am 5. November 1937

Zum Quellenwert: Der vollständige Text stellt eine Gedächtnisnotiz von mehreren Druckseiten dar, welche fünf Tage nach der Unterredung angefertigt wurde. Es kann sich hierbei natürlich nicht um eine wörtliche Wiedergabe der Ausführungen Hitlers handeln. Aber wie die historische Debatte über den Quellenwert des „Hoßbach-Protokolls" ergeben hat, gibt es ein erstaunlich genaues Bild von Hitlers Plänen. Dabei ist allerdings nicht zu entscheiden, ob diejenige Fassung des Textes, die beim Nürnberger Prozess verwendet wurde, auch in jedem Satz mit dem von Hoßbach ursprünglich verfassten Text identisch ist. (Vgl. Bernd Jürgen Wendt, Großdeutschland. Außenpolitik und Kriegsvorbereitung des Hitler-Regimes, dtv, München [2]1993, S. 1 ff.)
Zur Quelle: Der Text, ein so genanntes internes, nur für einen ausgewählten Kreis und nicht für die Öffentlichkeit bestimmtes Dokument, lässt folgende wesentliche Ziele Hitlers erkennen:
– Das deutsche Volk benötigt mehr Siedlungs- bzw. „Lebensraum" für seine Erhaltung und Sicherung.
– Die Erhaltung und Sicherung des deutschen Volkes kann weder mit (außen)wirtschaftlichen Mitteln auf liberal-kapitalistischer Grundlage noch durch die Ausbeutung von Kolonien garantiert werden.
– Die Gewinnung von „Lebensraum" für das deutsche Volk ist nur mit Gewalt, also durch Krieg durchzusetzen.

M 4, S. 97
Titelseite der britischen Zeitschrift „Daily Sketch" vom 1. Oktober 1938

Die vor den abschließenden Verhandlungen zur Unterzeichnung des Münchener Abkommens gehaltene Rede Chamberlains unterstreicht die Konsequenz, mit der er – trotz der Gefahr einer Erniedrigung – seine „Friedenspolitik" betreibt – und sich gleichsam in die „Höhle des Löwen" begibt. Eine andere Frage ist freilich, ob eine solche Politik nicht völlig verfehlt ist gegenüber einem aufs Äußerste entschlossenen Machthaber – das bis heute in der politischen Öffentlichkeit und in fachhistorischen Kreisen zentrale Thema im Hinblick auf das Münchener Abkommen.

Übersetzungshilfen:

*Sprecht morgen Dankgebete in der Kirche
Morgen ist Friedenssonntag. Kaum wenige
Stunden zuvor schien es, als werde es der erste
Sonntag des sinnlosesten und brutalsten Krieges
in der Geschichte sein.
Der „Daily Sketch" schlägt vor, die Nation solle morgen in die Kirche gehen und danken.
Die Mütter und Väter, die vielleicht ihre Söhne verloren hätten, die jungen Leute, die die Kosten des
Krieges mit ihrem Leben bezahlt hätten, die Kinder,
die von den Schrecken moderner
Kriegführung verschont bleiben – sie alle sollten in
Demut und Dankbarkeit niederknien.
Der morgige Tag sollte nicht vorbeigehen,
ohne dass seiner Bedeutung gedacht werde.*

*Bestimmt, den Frieden zu sichern
Als Chamberlain letzte Nacht in Heston eintraf,
sagte er:
„Heute morgen hatte ich ein weiteres Gespräch mit
dem deutschen Kanzler, Herrn Hitler. Dies
Papier hier trägt seinen und meinen Namen.
Ich lese es Ihnen vor:
,Wir, der deutsche Führer und Kanzler und der britische Premierminister haben uns heute ein weiteres
Mal getroffen und wir stimmen überein in der Erkenntnis, dass die Frage der englisch-deutschen
Beziehungen von vorrangiger
Bedeutung für die zwei Länder und für Europa ist.
Wir betrachten die Übereinkunft – letzte Nacht unterzeichnet – und das englisch-deutsche
Marine-Abkommen als Symbole für den Wunsch unserer Völker, niemals Krieg gegeneinander zu führen.
Wir haben beschlossen, dass Konsultationen auch
der Weg sind für weitere Fragen, die unsere zwei
Länder betreffen, und dass wir entschlossen sind,
unsere Anstrengungen fortzusetzen, um mögliche
Meinungsverschiedenheiten zu beseitigen und dass
dies beiträgt zur Sicherung des Friedens in Europa."'*

M 5, S. 98
Aus der Aufzeichnung des Oberstleutnants Rudolf Schmundt über eine Besprechung Hitlers mit den Befehlshabern und führenden Offizieren der drei Wehrmachtsteile vom 23. Mai 1939

Zum historischen Hintergrund: Am 21. März 1939 forderte Hitler von Polen gegen eine langfristige Garantie der deutsch-polnischen Grenze die Rückgabe Danzigs und eine exterritoriale Auto- und Eisenbahnverbindung durch den Korridor sowie eine enge politische Anlehnung Polens an Deutschland mit antisowjetischer Spitze. Das wurde von Polen am 26. März endgültig abgelehnt.
Im Versailler Vertrag von 1919 wurde Danzig mit umgebenden Landkreisen ohne Befragung der Bevölkerung vom Deutschen Reich getrennt, 1920 als Freistaat errichtet und unter den Schutz des Völkerbundes gestellt. 1922 wurde der Freistaat zoll- und wirtschaftspolitisch Polen angeschlossen. Die Freie Stadt Danzig sollte Polen einen freien Zugang zum Meer eröffnen. Das letzte Ziel der polnischen Regierung aber war die Eingliederung des Freistaates. 1933 erlangten die Nationalsozialisten die Mehrheit im Danziger Volkstag und es begann eine heftige und mit vielfältigen Mitteln geführte Auseinandersetzung zwischen Polen und Deutschland zum Danzig-Problem. Nach dem deutschen Angriff auf Polen am 1. September 1939 wurde die Freie Stadt Danzig dem Deutschen Reich wieder eingegliedert.
Zur Quelle: Der Text, ein internes Dokument, beschreibt unverhüllt die Absicht Hitlers zu einem Angriffskrieg gegen Polen. Der Satz „Danzig ist nicht das Objekt, um das es geht" verdeutlicht dabei, dass Hitler sich nicht mit der „Befreiung" von Danzig begnügen wollte. Sein weiter gestecktes Ziel war die Eroberung von „Lebensraum" im Osten, was einen Krieg gegen die Sowjetunion bedeutete.

Zu Aufgabe 1, S. 98
Vgl. die Erläuterungen zu M 4 b (S. 24 f.) sowie M 2, M 3 und M 5.
Tafelanschrieb: die Ziele des NS-Staates
(Siehe Seite 66 unten)

Zu Aufgabe 2, S. 98
Vgl. die Erläuterung zu M 5.

Zu Aufgabe 3, S. 98
Skizze zum außenpolitischen Kurs Hitlers
(Siehe Übersicht Seite 66 oben)

Skizze zum außenpolitischen Kurs Hitlers

Die Jahre von 1933 bis 1936: Friedliche Revision des Versailler Vertrages bei gleichzeitiger Aufrüstung und Risikopolitik

Fortsetzung der friedlichen Revisionspolitik Weimars	Aufrüstung und Risikopolitik
– Verlängerung des Berliner Vertrages (Mai 1933) – öffentliche Beteuerung des deutschen Friedenswillens (Mai 1933) – Konkordat mit dem Papst (Juli 1933) – Nichtangriffspakt mit Polen (Januar 1934) – Anerkennung der österreichischen Unabhängigkeit (Juli 1936)	– Vorbereitung der militärischen Führung auf aggressive Außen- und „Lebensraumpolitik" (Februar 1933) – Austritt aus dem Völkerbund (Oktober 1933) – Einführung der allgemeinen Wehrpflicht (März 1935) – „Achse Berlin – Rom" (1936) – Einmarsch in das entmilitarisierte Rheinland (März 1936) – Intervention im Spanischen Bürgerkrieg (1936)

Die Jahre von 1936/37 bis 1939: Die Schaffung Großdeutschlands und Kriegsvorbereitung

Schaffung Großdeutschlands	Kriegsvorbereitung
– Einmarsch in Österreich (März 1938) – Münchener Abkommen: Abtretung des Sudetenlandes durch Tschechoslowakei (September 1938) – Einmarsch in die Tschechoslowakei (März 1939)	– Antikominternpakt mit Japan und Italien (1936/37) – Einschwören der führenden Militärs und der Regierung auf den Krieg (November 1937; Hoßbach-Protokoll) – Hitler-Stalin-Pakt (August 1939)

Das Jahr 1939: Die Entfesselung des Zweiten Weltkrieges

Überfall auf Polen (1. September 1939)

Die Ziele des NS-Staates

	Rede Hitlers vor Befehlshabern von Heer und Marine am 3.2.1933 (M 4 b)	Reichstagsrede Hitlers am 17.4.1933 (M 2)	Hoßbach-Protokoll am 5.11.1937 (M 3)	Besprechung Hitlers mit Wehrmachtsführung am 23.4.1939 (M 5)
Ziele	– Kampf gegen Versailles – Aufrüstung – Eroberung von neuem „Lebensraum" im Osten	– Erhaltung des Friedens – Stabilisierung Europas	– Krieg zur Eroberung neuen „Lebensraums" im Osten	– Angriffskrieg gegen Polen – Krieg gegen die Sowjetunion – Eroberung neuen „Lebensraums" im Osten
Textsorte	Interne Quelle	Öffentliche Rede	Interne Quelle	Interne Quelle

Zwei Beispiele dafür, wie Hitler die Versailler Nachkriegsordnung „beseitigte":
- Die Einführung der allgemeinen Wehrpflicht im März 1935 verletzte zentrale Bestimmungen des Versailler Vertrages.
- Der Einmarsch in das entmilitarisierte Rheinland im März 1936 war ein schwerer Bruch des Friedensvertrages.

Zu Aufgabe 4, S. 98
Vgl. die Übersetzungshilfen und Erläuterung zu M 4, S. 64 f., sowie den Darstellungstext SB, S. 95, und die Erläuterung zu M 7 und zu Aufgabe 10.

M 6, S. 98
Geheimes Zusatzprotokoll zum deutsch-sowjetischen Nichtangriffspakt vom 23. August 1939

Zum historischen Hintergrund: Die Unterzeichnung des Hitler-Stalin-Paktes am 23. August 1939 war eine wichtige Etappe auf dem Weg zum Zweiten Weltkrieg: Für Hitler bedeutete das Abkommen mit seinem ideologischen Todfeind keineswegs die Aufgabe seiner umfassenden Pläne zur Gewinnung von „Lebensraum im Osten". Umgekehrt gab ihm erst die Einigung mit Stalins Sowjetunion „freie Fahrt" für den lange geplanten Überfall auf Polen, wobei durch den Nichtangriffspakt mit der Sowjetunion der in Deutschland gefürchtete Zweifrontenkrieg vermieden werden sollte. Das Abkommen wurde also von Hitler lediglich als erster Schritt zur Verwirklichung des von der Ideologie geforderten Vernichtungskriegs gegen Juden und „slawische Untermenschen" und für den „Endkampf" mit der „bolschewistisch-jüdischen Weltverschwörung" und ihrem Zentrum Moskau angesehen.
Für Stalin bedeutete der Nichtangriffspakt mit Hitler-Deutschland – neben dem durch ihn ermöglichten und erwünschten territorialen Zugewinn – eine Art Sicherheitsgarantie, die einen (nach den Erfahrungen ausländischer Interventionen im Bürgerkrieg 1918–1921) erwarteten kapitalistischen Überfall auf die Sowjetunion verhindern oder zumindest verzögern sollte. Wichtig ist dabei, dass Stalin zur Verhinderung der „kapitalistischen Einkreisung" eine Doppelstrategie verfolgte und auch mit Frankreich und England über ein gemeinsames Bündnis gegen Nazi-Deutschland verhandelte; die Verhandlungen scheiterten aber – nicht zuletzt am gegenseitigen Misstrauen – und die UdSSR intensivierte dann die Gespräche mit Deutschland über die Normalisierung der gegenseitigen Beziehungen.

Die für die damalige Weltöffentlichkeit und die Aktivitäten der nationalsozialistischen und kommunistischen Parteien überraschende Übereinkunft der ideologischen Todfeinde Hitler und Stalin diente – nicht zufällig – immer wieder als Bestätigung der Totalitarismustheorie: Zwei gleichermaßen antidemokratische und aggressiv-expansionistische, von einer allumfassenden Ideologie bestimmte Ein-Parteien-Systeme mit totalitärem Führer hätten sich auf Kosten ihrer Nachbarn geeinigt und die territoriale „Beute" aufgeteilt.
Auf jeden Fall wurden die westlichen Teile des deutschen Einflussbereichs am 1. November 1939 als „Warthegau" und „Reichsgau Danzig-Westpreußen" mit dem Deutschen Reich vereint, die polnische Bevölkerung dieser Provinzen in das am 12. Oktober gegründete „Generalgouvernement" ausgewiesen, in dem Gestapo-, SD, SS- und Polizeieinheiten „Sonderaufgaben" (Terror- und Vernichtungsaktionen an Polen und Juden) durchführten. Die UdSSR ihrerseits annektierte nach Truppeneinmarsch in Ostpolen (17. September) und systematischer „Säuberung" durch Einheiten der Geheimpolizei von „klassenfremden Elementen" dieses Gebiet am 1. und 2. November 1939; die Westukraine wurde der Ukrainischen Sowjetrepublik, Westweißrussland der Weißrussischen Sowjetrepublik angegliedert. Schließlich wurden nach der Besetzung der Republiken Estland, Lettland und Litauen durch sowjetische Truppen vom 15. bis zum 17. Januar 1940 die Baltenrepubliken bis zum 6. August als nunmehr sozialistische Sowjetrepubliken in die UdSSR eingegliedert.
Zur Quelle: Die zentralen Bestimmungen des geheimen Zusatzprotokolls lauten:
- Finnland, Estland, Lettland sowie das rumänische Bessarabien werden der sowjetischen Interessensphäre zugeordnet.
- Der Fortbestand Polens wird in Frage gestellt, eine Aufteilung Polens zwischen Deutschland und der Sowjetunion angestrebt.

Zu Aufgabe 5, S. 98
Vgl. die Erläuterung zu M 6.

M 7, S. 99 f.
Der britische Historiker Stephen J. Lee schreibt 1996 über die britische Deutschlandpolitik der Jahre 1938/39

Zusammenfassung des Textes in deutscher Sprache: Zwischen März und September 1939 geschahen mehrere dramatische Ereignisse. Die gleiche britische Regierung, die in München Hitlers Wünsche erfüllt hat, verlängerte im März die Garantien gegenüber Polen und Rumänien und erklärte Deutschland den Krieg nach dem deutschen Einfall in Polen. War dies eine revolutionäre Wende in der britischen Außenpolitik und bedeutete dies das Ende der Appeasementpolitik? Oder gab es unterschwellige Kontinuitäten zwischen September 1938 und 1939?

Die traditionelle Interpretation sagt, dass Chamberlain erkennen musste, dass Hitler weiter reichende Pläne hatte, als in München offensichtlich wurde, und dass die Politik des Appeasement von einer des Containments abgelöst werden müsste. Zwei Ereignisse hätten diesen Kurswechsel ausgelöst: die „Reichskristallnacht" und der Einmarsch deutscher Truppen in die ČSR. Beide Ereignisse überzeugten Chamberlain von der weiteren ungebremsten Expansionspolitik Hitlers.

Dennoch ist eine alternative Interpretation von Chamberlains Politik in den Jahren 1938/39 denkbar. [...]

Chamberlain machte einen Unterschied zwischen der ČSR und Polen. Die Tschechoslowakei war in seinen Augen ein abgelegenes Land in Osteuropa mit einer starken deutschen Minderheit, nach dem Anschluss Österreichs ans deutsche Reich fast eingeschlossen von dem deutschen Nachbarn und zu verwundbar, um eine strategisch wichtige Rolle zu spielen. Polen und Rumänien dagegen waren die entscheidenden Barrieren gegen zwei europäische Hegemonialmächte – Nazideutschland und die Sowjetunion. Ihre

Unterstützung lag im britischen Interesse.

Es gab keinen Wandel in Chamberlains Politik: Er setzte weiterhin auf Appeasement und hoffte auf Frieden mit dem Deutschen Reich. Während der Krise in Polen im August 1939 bedrängten die Briten Polen, Deutschland in der Frage eines Korridors entgegenzukommen. Selbst nach dem deutschen Einmarsch in Polen wurden Möglichkeiten für Verhandlungen, Truppenrückzug, Vereinbarungen, eine Konferenz erwogen. Großbritannien verfolgte eine Politik, die auf Kriegsvermeidung abzielte, obwohl der Krieg längst begonnen hatte.

Der Verdacht, Chamberlain stehe nicht wirklich hinter dem Krieg, war letztlich entscheidend für seine Niederlage gegen Churchill, der jegliche Verhandlungen mit Deutschland strikt verweigerte.

Die Sprache Churchills in seinen großen Kriegsreden zeigt, dass die Politik des Appeasement endgültig aufgegeben wurde.

M 8, S. 100
Vokabelhilfen zu M 7

Die Vokabelhilfen dienen zur Erleichterung der Übersetzung und zum besseren Verständnis des Textes.

Zu Aufgabe 6, S. 100
Bei dieser Aufgabe handelt es sich um einen rein arbeitspraktischen Hinweis.

Zu Aufgabe 7, S. 100
Bei dieser Aufgabe handelt es sich um einen rein arbeitspraktischen Hinweis.

Zu Aufgabe 8, S. 100
Die wichtigsten Redewendungen sind:
A series of dramatic events
Did these developments amount to a revolution ...
Or was there an underlying continuity ...
The traditional interpretation ...
An alternative perspective ...
It could certainly be said ...
The other argument for continuity ...

Zu Aufgabe 9, S. 100
Vgl. die Zusammenfassung des Textes in deutscher Sprache.

Zu Aufgabe 10, S. 100
Der entscheidende Unterschied zwischen beiden Positionen lässt sich so zusammenfassen: Der Darstellungstext verurteilt die britische Appeasementpolitik vor allem mit moralischen Argumenten. Er zeigt die Kosten der englischen Außenpolitik für die betroffenen Staaten auf („Leidtragende") und bezeichnet das Münchener Abkommen als „moralischen Tiefpunkt". Dagegen versucht der Historiker Lee (SB M 7, S. 99 f.) die Motive der englischen Außenpolitik aus den Interessen und Zielen heraus zu erklären und so zu verstehen. Aus dieser Sicht war die Appeasementpolitik wohl kalkulierte Gleichgewichts- und Kriegsvermeidungspolitik. Moralische Urteile fehlen hier.

Kapitel 11: Der Zweite Weltkrieg 1939–1945: eine historische Zäsur in der Menschheitsgeschichte?

Hinweise zur Arbeit mit den Materialien
Siehe den Kasten im Schülerband S. 106.

M 1, S. 103
Der Zweite Weltkrieg in Europa 1939–1945

Didaktisch-methodischer Hinweis: Da die Karte den Verlauf des Krieges illustriert, sollte sie in enger Anlehnung an den Darstellungstext (SB S. 102–105) erörtert werden.

Zur Quelle: Zum Kriegsbeginn und Verlauf:
- Kriegsbeginn infolge des deutsch-sowjetischen Nichtangriffspakts im Konflikt mit Polen;
- im Wesentlichen europäischer Krieg bis Juni 1941;
- Ausweitung zum wirklichen Krieg nach Überfall auf Sowjetunion und Kriegserklärung an die USA sowie nach Kriegseintritt Japans auf der Seite der Achsenmächte (bis Ende 1941).

Zu einer Differenzierung innerhalb des Kriegsverlaufs gelangt man auch mittels einer Unterscheidung nach Art der Kriegsführung:
- Phase einzelner „Blitzkriege" September 1939 bis Juni 1941;
- ununterbrochene, lang andauernde Kriegsführung seit dem Überfall auf die Sowjetunion; diese zweite Phase war durch ein wesentliches Problem der deutschen Kriegsführung geprägt: Die deutsche Rüstung war primär auf „Blitzkriege" eingestellt, für einen längerfristig angelegten Krieg mangelte es an „Tiefenrüstung".

M 2, S. 106
Aus dem Befehl Hitlers zum Angriff auf Polen vom 31. August 1939

Zum historischen Hintergrund: Anders als es die nationalsozialistische Propaganda darstellte, diente der Überfall auf Polen nicht der Befreiung der Freien Stadt Danzig. Bereits am 23. Mai 1939 hatte Hitler vor den militärischen Befehlshabern geäußert, dass Danzig „nicht das Objekt" sei, um das es geht. Es handelt sich um die „Erweiterung des Lebensraums im Osten und Sicherstellung der Ernährung sowie der Lösung des Baltikum-Problems." (s. SB M 5, S. 98; Erläuterung) Der Hitler-Stalin-Pakt hatte Deutschland den Weg zum Angriff auf Polen geebnet (s. Erläuterung zu M 6, S. 98). Das langfristige Ziel Hitlers aber war ein Eroberungs- und Vernichtungs-

krieg im Osten zur Schaffung neuen „Lebensraums" für die Deutschen.

Zur Quelle: Der Text verdeutlicht, dass Hitler offenbar auf einen schnellen Sieg über Polen setzte, um so die Westmächte von einem unmittelbaren Eingreifen abzuhalten und sie vielleicht doch noch zum Einlenken zu bewegen. Sollte dieses Kalkül nicht aufgehen, hoffte er, sie nach Abschluss des Polenfeldzuges in einem neuen „Blitz"-Vormarsch zu besiegen bzw. zu einem Waffenstillstand bewegen zu können, um sich danach in der „richtigen" Frontstellung dem Krieg gegen die Sowjetunion zuwenden zu können. Auf jeden Fall aber wollte Hitler, dass die Westmächte vor der internationalen Öffentlichkeit als die Verantwortlichen für den Ausbruch von Feindseligkeiten dastanden.

M 3, S. 106 f.
Auszug aus der Weisung Hitlers für die Besetzung Norwegens und Dänemarks vom 1. März 1940

Noch vor dem Westfeldzug ließ Hitler zunächst, wie die Quelle zeigt, im Rahmen des Unternehmens „Weserübung" Dänemark und Norwegen erobern und militärisch besetzen. Was nach außen als „bewaffneter Schutz der Neutralität der nordischen Staaten" erscheinen sollte, diente in Wirklichkeit dazu, den Zugang zu den für die deutsche Kriegswirtschaft wichtigen schwedischen Erzlagern zu sichern und für den Fall einer Ausweitung des Krieges gegen England eine günstige Operationsbasis für die deutsche Marine zu schaffen.

M 4, S. 107
Der Krieg gegen England – aus einer Weisung Hitlers vom 16. Juli 1940

Auch nach den militärischen Erfolgen in Polen, Norwegen und Dänemark sowie im Westen nach dem Sieg über Frankreich hoffte Hitler noch, England als Bündnispartner zu gewinnen und für eine „Teilung der Welt" einnehmen zu können. Aber Hitlers Wunschpartner zeigte sich nicht verständigungsbereit. Am 16. Juli 1940 wies er daher, wie die Quelle verdeutlicht, die Militärs an, Vorbereitungen für eine Landung auf den Britischen Inseln zu treffen. Bei einem Erfolg wäre der einzige noch verbliebene Kriegsgegner im Westen ausgeschaltet gewesen.

M 5, S. 107

Aus einer Weisung Hitlers zum Feldzug gegen die Sowjetunion vom 8. Dezember 1940

Der Text verdeutlicht, dass Hitler den Krieg gegen die Sowjetunion als „Blitzkrieg" plante: Luftwaffe und Panzerkeile sollten raschen Raumgewinn sichern. Der Krieg war als Sommerfeldzug (Beginn mit dem russischen Frühjahr im Mai) angelegt. Das hatte zur Folge, dass für die Armee keine Winterausrüstung und keine große Logistik vorgesehen war. Auch für die Wirtschaft sah die Planung keine Umstellung auf Kriegsproduktion vor.

Zu Aufgabe 1, S. 107

Vgl. die Erläuterung zu M 2.

Zu Aufgabe 2, S. 107

a) England war von Anfang an, vor allem aber nach den Siegen über Polen, Dänemark, Norwegen und Frankreich, der entscheidende Widerpart des Deutschen Reiches. Da Hitlers „Friedensappell" an die britische Regierung vom 19. Juli 1940 scheiterte, versuchte die NS-Führung Großbritannien militärisch zu bezwingen, was jedoch misslang.

b) Hitlers „Weisung" vom 1. März 1940, Norwegen und Dänemark mit möglichst geringem militärischem Kraftaufwand zu besetzen, diente der Rohstoffsicherung und der militärischen Absicherung der Westoffensive. Das waren jedoch alles nur vorbereitende Schritte für das eigentliche Ziel Hitlers, Krieg gegen die Sowjetunion und Schaffung neuen „Lebensraums" im Osten. Diese „Lebensraumpolitik" verband sich bei Hitler eng mit der Rassenpolitik. Damit nahm der Kampf um die Weltherrschaft einen völlig neuen Charakter an: Die Frage war nicht mehr, wie Land und Rohstoffe künftig verteilt werden sollten, sondern wem auf dieser Welt überhaupt noch das Recht auf Leben zugeschrieben werden sollte.

c) Zwei Beispiele für Differenzen zwischen Kriegszielen und Ergebnissen: Erstens erwiesen sich die Hoffnungen Hitlers als falsch, den Krieg gegen Polen lokalisieren zu können (am 3. September 1939 erklärten England und Frankreich Deutschland den Krieg), noch zeigte sich England bereit, auf Hitlers „Friedensappelle" einzugehen. Zweitens scheiterte der Plan des Deutschen Reiches, die Sowjetunion in einem „Blitzkrieg" zu besiegen.

Zu Aufgabe 3, S. 107

Außer den genannten Materialien und Darstellungstexten bietet sich als Grundlage für den Aufsatz an: Bernd Jürgen Wendt; Deutschland 1933–1945. Das „Dritte Reich". Handbuch zur Geschichte, Fackelträger, Hannover 1995, S. 469 ff.

M 6, S. 108

Geheime Denkschrift der Reichsgruppe Industrie vom 1. August 1940

Zum historischen Hintergrund: Die Reichsgruppe Industrie entstand in den Jahren 1933/34, als die Nationalsozialisten die Spitzenverbände der deutschen Industrie reorganisierten. Seit dem Ende dieses Prozesses 1934 war diese Organisation die zentrale Unternehmerorganisation und Interessenvertretung der Industrie mit Zwangscharakter. Nach den militärischen Erfolgen des NS-Regimes 1939/40 begann der Verband mit der Formulierung der Kriegsziele der deutschen Industrie. Dabei wurde die möglichst rasche wirtschaftliche Unterwerfung der besiegten Länder unter deutsche Führung verlangt (Arisierung, Ausschaltung von Konkurrenz, Übernahme von Unternehmen und Marktpositionen). Die Neuordnung Europas nach der Vorstellungen der Reichsgruppe Industrie bedeutete „in der Praxis der deutschen Okkupationsherrschaft", schreibt der Historiker Dietrich Eichholtz in der 1997 erschienen „Enzyklopädie des Nationalsozialismus", „die Neuverteilung der europäischen Reichtümer und Ressourcen auf dem Wege der Veränderung politischer Grenzen, politischer Abhängigkeiten und wirtschaftlicher Besitzverhältnisse und auf dem Wege der ‚Aussiedlung' und Umsiedlung von Millionen Menschen sowie der Ermordung von Juden und Slawen".

Zur Quelle: Die Denkschrift lässt folgende wesentliche Ziele der Reichsgruppe Industrie erkennen:

– Die Wirtschaft der besiegten Länder muss den wirtschaftlichen und politischen Bedürfnissen des Deutschen Reiches untergeordnet werden.

– Organisation und Ziele der europäischen Großraumwirtschaft bestimmt der NS-Staat; die Wirtschaft ist also Instrument bzw. Dienerin des NS-Regimes.

– Die Privatinitiative der Unternehmer richtet alle ihre Energien auf die Ziele der NS-Führung aus.

– Die deutschen Arbeiter verrichten gehobene, qualitativ wertvollere Arbeit, während die einfachen, untergeordneten und primitiven Tätigkeiten von den besiegten „Hilfsvölkern", z. B. den Slawen, ausgeführt werden müssen.

Zu Aufgabe 4, S. 109
Vgl. die Erläuterung zu M 6.

M 7, S. 108
„Harte Zeiten ...",
nationalsozialistisches Plakat, 1943

Das Plakat ist als Antwort auf die historische Situation seit dem Untergang der 6. Armee in Stalingrad im Januar/Februar 1943 zu verstehen: Die deutschen Truppen im Osten mussten den Rückzug antreten und das Deutsche Afrikakorps kapitulierte im Mai 1943. In dieser Situation sollten Heimatfront und Militär zum Abwehrkampf mobilisiert werden. Drei Frontkämpfer (rechte Bildhälfte unter der Reichskriegsflagge), die von den Massen der „Heimatfront" (linke Bildhälfte unter einem Horizont mit Hochöfen im Hintergrund) unterstützt werden, stellen sich einem unsichtbaren Feind entgegen. Durch die Diagonale von links unten nach rechts oben („Der deutsche Soldat siegt immer von links nach rechts", so Goebbels), symbolisiert durch die ausgestreckten Hände, die ihre Verlängerung in der dunklen Falte der Fahne erhalten, soll Dynamik erzeugt werden. Vorwärtsstürmende Körperhaltung, gespannte Arme und entschlossener Blick korrespondieren mit dem Slogan, der dem Bild vom heldenhaften Kämpfer in der NS-Ideologie entspricht.

M 8, S. 108
Kriegsversehrte Hitlerjungen,
Fotografie, 1943

Seit dem Frühjahr 1943 rekrutierte die NS-Führung zur Mobilisierung für den totalen Krieg Mitglieder der Hitlerjugend. Unzureichend ausgebildet und ohne Kampferfahrung mussten Jungen, die teilweise noch nicht das 17. Lebensjahr vollendet hatten, in den Krieg ziehen. Viele Hitlerjungen starben dabei oder wurden verwundet. Das Bild veranschaulicht den Kriegseinsatz von Hitlerjungen und deren Verwundungen. Da solche Bilder alles andere als geeignet waren zur propagandistischen Wiederaufrüstung der deutschen Bevölkerung, durften sie nicht veröffentlicht werden.

M 9, S. 109
„Totaler Krieg"

Unter dem Eindruck des Zusammenbruches der 6. Armee bei Stalingrad rief Propagandaminister Goebbels öffentlich die Deutschen zum totalen Krieg auf. Darunter verstanden er und Hitler die Mobilisierung sämtlicher materieller und personeller Ressourcen zur Sicherung des „Endsieges".

Das führte in der Folgezeit zu zahlreichen Maßnahmen: Einführung der Arbeitspflicht für Männer und Frauen, Steigerung des Einsatzes von Fremdarbeitern, Bildung des Volkssturms, Einrichtung von mobilen Standgerichten gegen so genannte Wehrkraftzersetzer, Einführung der Sippenhaft für Angehörige von Soldaten, die sich „kampflos" dem Gegner ergaben, Propaganda-Kampagnen über den angeblich bevorstehenden Einsatz von „Wunderwaffen".

Zu Aufgabe 5, S. 109
Vgl. die Erläuterung zu M 9.

Zu Aufgabe 6, S. 109
Vgl. die Erläuterungen zu M 7 bis M 9.

M 10, S. 109 f.
Sachsen im Februar 1945 – aus dem
Tagebuch von Victor Klemperer

Zum historischen Hintergrund: Mit der systematischen Bombardierung feindlicher Städte, um die Zivilbevölkerung zu terrorisieren und den Feind zur Kapitulation zu zwingen, haben nicht die Alliierten begonnen. Vielmehr hat zunächst das Deutsche Reich die Luftwaffe für diese Zwecke eingesetzt. Das geschah bei der Bombardierung Warschaus und Rotterdams sowie während des Überfalls auf Belgrad und bei der Luftschlacht gegen England. Aber auch die Alliierten, vor allem die Briten, setzten die Luftwaffe zur Kriegsführung ein. Die Ziele der englischen Luftstreitkräfte waren zunächst strategischer Art (Bombenabwürfe im Ruhrgebiet 1940), richteten sich seit 1942 jedoch gegen die Zivilbevölkerung deutscher Städte. Die meisten Menschenleben kostete die Bombardierung Dresdens am 13./14. Februar 1945. Die Stadt war mit Flüchtlingen, die vor den anrückenden sowjetischen Truppen geflohen waren, überfüllt. Das Flächenbombardement zerstörte fast die gesamte Stadt. Die Absicht der Alliierten bestand darin, die Moral der Deutschen auf diesem Wege zu zerstören und das Land gleichsam kapitulationsreif zu bomben, bevor man mit Bodentruppen einmarschierte.
Zum Jahreswechsel 1944/45 standen die Truppen der Alliierten im Westen und Osten an den Reichsgrenzen. Die Niederlage Deutschlands – die Alliierten strebten die bedingungslose Kapitulation an – war nur noch eine Frage der Zeit. Aber die Kämpfe dauerten weitere fünf Monate an. Am 25. April trafen sich amerikanische und sowjetische Verbände bei Torgau an der Elbe. Die deutsche Armeeführung kapitulierte vom 7. bis 9. Mai.

Zur Quelle: Der Text lässt folgende wesentliche Aussagen über die Lage der deutschen Bevölkerung erkennen:

– Die gesamte Bevölkerung fühlte sich sowohl durch die Bombenangriffe der Alliierten als auch durch die anrückenden sowjetischen Truppen bedroht.

– Die Juden wurden noch angesichts der drohenden Niederlage ausgesondert und getötet.

– Die Versorgung der Bevölkerung verschlechterte sich zunehmend und wurde über Lebensmittelkarten und Bezugsscheine organisiert.

– Die öffentliche Meinung war zwiespältig: Die einen, wohl die Mehrheit, hielten nach wie vor dem NS-Regime die Treue, während sich andere vom Nationalsozialismus distanzierten und die NS-Führung für die trostlose Lage verantwortlich machten. Aber alle entwickelten einen ganz elementaren Überlebenswillen und Selbsterhaltungstrieb.

Zur militärischen Lage zeichnet die Tagebucheintragung folgendes Bild: Einerseits ist die Niederlage des Reiches angesichts der vorrückenden alliierten Truppen absehbar. Allerdings scheinen Organisation und Kampfwillen des deutschen Militärs ungebrochen. Um Deutschland zur Kapitulation zu zwingen, müssen die Alliierten noch große Widerstände überwinden und Deutschland Schritt für Schritt erobern und besetzen.

Die Situation der deutschen Bürokratie wird in der Quelle als chaotisch geschildert. Zahlreiche amtliche Stellen existieren zudem gar nicht mehr.

M 11, S. 110
Die zerstörte Innenstadt von Dresden, Fotografie, 1945

Zum historischen Hintergrund: Vgl. die Erläuterung zu M 10.

Zur Quelle: Das Bild illustriert die gewaltige Zerstörung, die das alliierte Flächenbombardement am 13./14. Februar 1945 in der Dresdener Innenstadt angerichtet hat.

Zu Aufgabe 7, S. 110
Vgl. die Erläuterung zu M 10.

Zu Aufgabe 8, S. 110
Vgl. die Erläuterung zu M 10.

Zu Aufgabe 9, S. 110
Didaktisch-methodischer Hinweis: Im Mittelpunkt der Diskussion sollte folgende Beobachtung stehen: Der Bombenkrieg der Alliierten gegen die Wohngebiete deutscher Städte und die Zentren der Rüstungsindustrie beeinträchtigte die Loyalität der deutschen Bevölkerungsmehrheit gegenüber dem NS-Regime kaum. Die innere Abkehr vom Nationalsozialismus setzte erst ein, als Deutschland selbst zum Kampfgebiet wurde und Millionen vor der heranrückenden Roten Armee aus den östlichen Reichsgebieten flüchten mussten.

M 12, S. 111
Angehörige der Wehrmacht erhängen Mitglieder der polnischen Untergrundbewegung, Fotografie, 1942

Das Foto veranschaulicht das in SB M 13, S. 111 f. beschriebene brutale Vorgehen der deutschen Militärs gegen den polnischen Widerstand.

M 13, S. 111 f.
Besatzungsherrschaft in Polen

Der Text lässt folgende wesentliche Strukturen der deutschen Besatzungsherrschaft in Polen erkennen:

– Die westpolnischen Gebiete werden annektiert und ins Deutsche Reich eingegliedert.

– Restpolen wird zum Generalgouvernement und von der deutschen Besatzung wie eine Kolonie behandelt.

– Große Teile der polnischen Führungsschicht werden ermordet, viele Polen enteignet und zugunsten von Auslandsdeutschen umgesiedelt.

– Die deutsche Besatzung führt planmäßige Massendeportationen von Juden und Polen durch.

– Aus ganz Polen werden Zwangsarbeiter rekrutiert.

– Der polnische Widerstand wird brutal bekämpft, der Aufstand des Warschauer Gettos niedergeschlagen.

M 14, S. 112
Besatzung in den Niederlanden

Die Quelle verdeutlicht folgende zentrale Maßnahmen gegen die besiegte Niederlande:

– Die Niederlande werden zunächst kurz der deutschen Militärverwaltung, danach deutscher Zivilverwaltung unterstellt, wobei die niederländische Verwaltung intakt bleibt.

– Zunächst übt die NS-Verwaltung eine zurückhaltende Besatzungsherrschaft aus, weil sie hofft, dass die Niederländer mit den Nationalsozialisten freiwillig zusammenarbeiten.

– Nach dem Ausbleiben der Selbstnazifizierung und Widerstand gegen die Besatzungsherrschaft

schaltet die Besatzungsmacht mit Hilfe der niederländischen Nationalsozialisten Parteien und Gewerkschaften aus. Die niederländische Wirtschaft wird ausgebeutet, niederländische Zwangsarbeiter werden nach Deutschland deportiert.
– Niederländischer Widerstand wird brutal niedergeschlagen, wobei ganze Dörfer als Vergeltungsmaßnahme ausgelöscht werden.
– Die holländischen Juden werden fast alle deportiert und ermordet.

M 15, S. 112
Deutsche räumen in Amsterdam die Wohnungen deportierter Juden leer, Fotografie, um 1943

Das Foto dokumentiert den Willen des NS-Regimes, nicht nur die deutschen, sondern auch die Juden in den besetzten Gebieten zu deportieren und anschließend zu vernichten. Das Hab und Gut der Juden eigneten sich die deutschen Besatzer an.

Zu Aufgabe 10, S. 112
Vgl. die Erläuterungen zu M 12 bis M 15.
Hintergrundinformation: Die Quellen M 12 bis M 15 verdeutlichen, dass sich die konkrete Ausgestaltung der deutschen Besatzungsherrschaft von Region zu Region und entsprechend der Kriegslage unterschied. Die rassenideologischen Annahmen spielten in der Ausprägung der jeweiligen Besatzungsherrschaft eine tragende Rolle. In Polen und der Sowjetunion wurden breite Bevölkerungsschichten regelrecht ausgehungert, in Razzien zusammengetrieben und erschossen oder zu Tausenden in Arbeits- und Konzentrationslager verschleppt, wo der größte Teil von ihnen innerhalb weniger Monate umkam. Die Dezimierung und Verschleppung der Bevölkerung war Teil des rassistischen Unterwerfungskonzeptes, nachdem „der Osten" vor allem deutsches Siedlungsgebiet werden sollte und der

einheimischen Bevölkerung nur ein begrenztes Lebensrecht auf niedrigem Niveau zugestanden wurde. Auf ehemaligem polnischem und sowjetischem Gebiet übten deutsche Organe ihre Herrschaft unmittelbar aus. In den Ländern Nord- und Westeuropas dagegen versuchten die deutschen „Reichskommissare" oder die Wehrmachtsverwaltung mit kollaborationswilligen Kräften zusammenzuarbeiten. Terrormaßnahmen wie Geiselerschießungen oder die gezielte Zerstörung von ganzen Ortschaften richteten sich hier gegen den wachsenden Widerstand.
(Siehe Tafelbild Seite 74: Deutsche Besatzungspolitik und europäische Widerstandsbewegungen)

Zu Aufgabe 11, S. 112
Einen knappen Überblick bietet Bernd Jürgen Wendt, Deutschland 1933–1945. Das „Dritte Reich". Handbuch zur Geschichte, Fackelträger, Hannover 1995, S. 591–614.

Zu Aufgabe 12, S. 112
Didaktisch-methodischer Hinweis: Als Ausgangspunkt für die Diskussion bieten sich Darstellungstext und Materialien zum Kapitel 14 „Deutsche und Polen im 20. Jahrhundert – Lernen aus der Geschichte?" an (SB S. 138–145). Der Prozess der deutsch-polnischen Annäherung und Aussöhnung verdeutlicht dabei paradigmatisch die Probleme, die nach 1945 von Deutschland und den europäischen Staaten zu lösen waren.

M 16, S. 113
Flüchtlingslager mit Kosovo-Albanern in Mazedonien, Fotografie, April 1999

Das Foto veranschaulicht die im Darstellungstext (SB S. 113) erwähnte Vertreibung von 300 000 Menschen aus dem Kosovo während des Kosovo-Krieges 1999.

Notizen

| Tafelbild zu Aufgabe 10, S. 112 | **Deutsche Besatzungspolitik und europäische Widerstandsbewegungen** |

Norwegen

Dänemark

Niederlande, Belgien

Frankreich

Jugoslawien

Griechenland

1. herrische Besatzungs-politik

2. Angriff auf die Sowjetunion

3. Rassenpolitik, Juden-deportation

4. wirtschaftliche Ausbeutung

Widerstands-bewegung

Partisanen-kriegführung

1. wirtschaftliche Ausbeutung

2. Vernichtung des Ostjudentums

3. Versklavung der slawischen Völker

Baltikum

Ukraine

Polen

Sowjetunion

Kapitel 12: Opposition gegen den NS-Staat: „Widerstand ohne Volk"?

Hinweise zur Arbeit mit den Materialien
Siehe den Kasten im Schülerband S. 116.

M 1, S. 116
Aus einem Gestapo-Bericht von 1937 über „marxistischen" (kommunistischen und sozialdemokratischen) Widerstand

Die Quelle lässt folgende wesentliche Rückschlüsse auf Umfang und Strategie der Widerstandsaktionen zu:

– Die KPD setzte auf Agitation und Aufklärung der Bevölkerung: Etwa drei Viertel der illegalen Schriften stammen von ihr; überdies machten gedruckte Flugblätter (wohl aus dem Ausland) die Masse der Schriften aus.
– Beim Widerstand gegen das NS-Regime legte die SPD mehr Vorsicht und Zurückhaltung, ja gelegentlich auch Passivität an den Tag als die KPD.
– Die KPD zeigte größere Opfer- und Risikobereitschaft bei Widerstandsaktionen als die SPD; außerdem waren unter den ersten Opfern des NS-Staates weitaus mehr Kommunisten vertreten als Sozialdemokraten.

M 2, S. 116
Haltungen in der Arbeiterschaft

Die Quelle verdeutlicht folgende Haltungen in der Arbeiterschaft:

– Arbeiterwiderstand war kein Massenphänomen: Die Mehrheit der Arbeiter fand sich mit dem NS-System ab, da es Arbeitsplätze bot. Man verhielt sich nach Möglichkeit unauffällig.
– In der Arbeiterschaft hielten sich Reste von Klassenbewusstsein: Hitler-Reden wurde kein Beifall gespendet, der Hitler-Gruß wurde vermieden und man ließ sich in die Deutsche Arbeitsfront hineinzwingen.
– Angesichts der allgemeinen Einschüchterung wagten es nur Einzelne, offen ihre Kritik am NS-Regime zu äußern.

M 3, S. 117 f.
„Einheitsfront" aus SPD und KPD?

Die Texte verdeutlichen, dass eine „Einheitsfront" aus SPD und KPD unter dem NS-Regime nahezu aussichtslos war. Die Sozialdemokraten sprachen sich zwar für eine „Einheitsfront aller Werktätigen" aus, lehnten aber 1933 ein Zusammengehen mit den Kommunisten ab (SB M 3 a; S. 117 f.). Sie befürchteten eine Vormachtstellung der KPD bzw. die Unterdrückung von Sozialdemokraten und Gewerkschaftern. Hintergrund dieser Ablehnung einer Einheit unter dem Dach der KPD war die Erbitterung der Sozialdemokraten darüber, dass sie seit 1929 von der KPD als Sozialfaschisten diffamiert worden waren. Auch die KPD hielt 1933 ein Bündnis mit der SPD für unmöglich (SB M 3 b, S. 118). Nach wie vor bekannte sie sich zur Sozialfaschismusthese, nach der die Sozialdemokratie die Arbeiter davon abhielt, zum Kommunismus zu finden. Die SPD galt als Anhängerin der Demokratie, die in den Augen der KPD den Faschismus hervorgebracht habe. Somit erschienen Sozialdemokraten als Förderer des Faschismus. Von dieser feindlichen Haltung gegenüber der SPD wich die KPD erst 1935 ab und forderte die „Einheitsfront" mit den Sozialdemokraten (SB M 3 c, S. 118). Die moskauhörige KPD reagierte damit auf einen Beschluss der von der Sowjetunion dominierten Komintern, wo die Politik der „Einheits"- und „Volksfront" für alle Mitglieder und damit auch für die KPD verbindlich festgelegt wurde. Außerdem musste die KPD erkennen, dass sich das Hitler-Regime konsolidiert hatte, SPD und Gewerkschaften nicht mehr der „Hauptfeind" waren.

M 4, S. 117
Illegaler Handzettel der KPD aus dem Jahr 1936

Auf satirische Weise karikiert der Handzettel, der keinen Verweis auf die KPD enthält und sich an keinen spezifischen Adressatenkreis wendet, staatliche Zwangsmaßnahmen und kritisiert damit scharf die nationalsozialistische Diktatur. Er versteht es, mit sehr einfachen Darstellungsmitteln ein Maximum an Aussagekraft und an Allgemeinverständlichkeit zu erzielen: Ausgehend von dem Begriff der „Freiheit" werden durch die ironische Kontrastierung von Bild und Text wesentliche Stationen der Pervertierung dieser Kategorie im NS-Staat dargestellt. Als Hintergrundinformation ist wichtig, dass die Grundrechte „Meinungsfreiheit" (1. Bild) und „Koalitionsfreiheit" (2. Bild) durch die Reichstagsbrandverordnung vom 28. Februar 1933 außer Kraft gesetzt wurden. Es sollte auch darauf hingewiesen werden, dass die Nationalsozialisten die „Wahlfreiheit" (3. Bild) nicht ausdrücklich aufhoben, jedoch mit dem Verbot der Parteien und der Einführung der Volksabstimmung zur bloßen Akklamation der NS-Politik dieses Grundrecht zu einer Farce wurde. Die Unterdrückung der „Kulturfreiheit" (4. Bild) wird auf dem Handzettel mit den Bücherverbrennungen der Nationalsozialisten vom 10. Mai 1933 (und der Berieselung mit Propaganda über einen Lautsprecher) bebildert. In diesem Zusammenhang sollte auch auf die Diskretierung und Verfolgung „entarteter Kunst" durch das NS-Regime eingegangen werden. Durch das Ermächtigungsgesetz (23. März 1933) wurde die „Rechtsfreiheit" (5. Bild) im Sinne der Unabhängigkeit der Gesetzgebung zur Fiktion: Übergang der legislativen Befugnisse auf die Exekutive. Die Unabhängigkeit der Justiz, deren Aufhebung die Karikatur in Anspielung auf den Volksgerichtshof kritisiert, wurde ad absurdum geführt durch systemkonforme Stellenbesetzungen, die Entfernung nicht linientreuer Richter aus ihrem Amt und durch die Festlegung der Judikative auf die unrechtsstaatlichen Gesetze, die man beschloss (Nürnberger Gesetze usw.). Das letzte Bild zeigt die Konsequenz der „braunen Freiheit", die durch die Verhaftung und Ermordung politischer Gegner u. a. traurige Realität war.

Zu Aufgabe 1, S. 118

Didaktisch-methodischer Hinweis: Die Diskussion kann ansetzen beim Widerstandsbegriff (SB M 8, S. 121) und sollte verdeutlichen, dass sich vielfältige Möglichkeiten der aktiven Bekämpfung des Systems und seines Führers Adolf Hitler boten. Sie reichten von der Herstellung und dem Kleben regimefeindlicher Plakate bis zum versuchten Attentat und Staatsstreich. Gleichzeitig sollte aufgezeigt werden, dass es unter der Herrschaft des Nationalsozialismus keinen einheitlichen und breiten Widerstand gegen das Regime gab. Das lag vor allem daran, dass die Sicherheitsorgane des NS-Staates, besonders die Gestapo, durch frühzeitige Verhaftungswellen die Gegner des Nationalsozialismus ausschalten und so das Entstehen einer wirksamen Opposition verhindern konnten. Hinzu kam, dass dem Widerstand der Rückhalt in der Bevölkerung fehlte, weil die Politik Hitlers lange Zeit, bis zu den Niederlagen im Russlandfeldzug 1943, durchaus populär war. Der Widerstand gegen den Nationalsozialismus war daher ein „Widerstand ohne Volk".

Zu Aufgabe 2, S. 118

Vgl. die Erläuterungen zu M 1 und M 4.

Zu Aufgabe 3, S. 118

Vgl. die Erläuterung zu M 3 a–c.

Zu Aufgabe 4, S. 118

Vgl. die Erläuterungen zu M 1–M 4 und zu M 1 b, c (SB S. 22), besonders aber zu M 2.

M 5, S. 119

Aus dem letzten Flugblatt der „Weißen Rose" vom Februar 1943

Zu den Personen und der Widerstandsgruppe „Die Weiße Rose": Vgl. SB S. 158. – An der Münchener Universität bildete sich um die Geschwister Hans (1918–1943) und Sophie Scholl (1921–1943) eine studentische Widerstandsgruppe, die sich „Weiße Rose" nannte. Vom Sommer 1942 bis zum Februar 1943 verbreitete sie Flugblätter, in denen die Studenten zur Abkehr vom Nationalsozialismus aufgefordert wurden. Nach dem Abwurf ihrer letzten Flugschrift am 18. Februar 1943 wurden die Mitglieder der Gruppe verhaftet und vom Volksgerichtshof zum Tode verurteilt.

Die studentische Widerstandsgruppe war primär konservativ-humanistischem Gedankengut verhaftet, ihre Vertreter kamen aus dem Bildungsbürgertum. Im beginnenden „totalen Krieg" fand sie weit über München hinaus Anziehungskraft und Nachahmer im akademisch-intellektuellen, jugendbewegten Milieu in Süddeutschland.

Die Namensgebung ist in der wissenschaftlichen Literatur umstritten. Dazu schreibt der Historiker Hartmut Mehringer: „Die Herleitung dieses Namens, den sich die studentischen Verschwörer selbst gegeben hatten, ist in der Literatur nach wie vor umstritten und war wohl auch seitens der Beteiligten selbst nicht monokausal abgeleitet, sondern Ergebnis vielfältiger literarischer und politischer Assoziationen und Symbolerfahrungen – das Spektrum reicht von Dostojewskijs Parabel vom Großinquisitor aus seinem Roman ‚Die Brüder Karamasow', in der die ‚weiße Rose' als Sargschmuck für ein totes Mädchen und als Symbol der Wiederauferstehung dient, über B. Travens 1929 erschienen Mexiko-Roman ‚Die weiße Rose' und Dantes Bild von der ‚Himmelsrose' in der ‚Göttlichen Komödie' bis hin zu der weißen Rose, die das Symbol der nach 1933 verbotenen bündischen Gruppierung dj. 1. 11 des Stuttgarter Jungenschaftsführers Eberhard Koebel (‚Tusk') bildete, welcher Hans Scholl angehört hatte." (Hartmut Mehringer, Widerstand und Emigration. Das NS-Regime und seine Gegner, dtv, München 1997, S. 183, Anm. 27)

Zur Quelle: Motiv für die Veröffentlichung des Flugblattes war die katastrophale Niederlage der 6. Armee in Stalingrad 1943. Das Ziel des Appells bestand in der Distanzierung der Bevölkerung von dem unmenschlichen und grausamen NS-Regime sowie in der Wiedererrichtung eines freiheitlichen Staates.

M 6, S. 119
Klaus H. Zürner, Geschwister Scholl, 1976, Gemälde, erstellt im Auftrag der CDU der DDR

Der Blick des Betrachters fällt zunächst auf die Köpfe der Geschwister Hans und Sophie Scholl, die zu den führenden Mitgliedern der studentischen Widerstandsgruppe „Weiße Rose" gehörten. Wer die Bildunterschrift nicht kennt, erfährt sofort die Identität der Personen: Zwischen den Gesichtern, im Mittelpunkt des Gemäldes, hat der Maler eine weiße Rose platziert, die ihre Blütenblätter als Flugblätter verliert – ein Hinweis auf die Hauptaktivität der Widerstandsgruppe, die mit ihren Flugblättern auf die Grausamkeit und Unmenschlichkeit des NS-Regimes aufmerksam machen und so die deutsche Bevölkerung zur Distanzierung vom Nationalsozialismus auffordern wollte. Unterstrichen wird diese Absicht durch den Vogel, der mit halb ausgebreiteten Schwingen zwischen den Geschwistern, die Füße in die Rose gekrallt, schwebt. Dieser Vogel erscheint halb als Adler, halb als Taube und symbolisiert Widerstand und Friedenswillen.

Die ernsten Gesichter der Geschwister Hans und Sophie Scholl schauen nicht den Betrachter an, sondern richten ihren Blick eher in die Ferne. Was sie dort sehen, verdeutlicht der Hintergrund des Bildes, der den Eindruck eines Kreislaufes erweckt: In der oberen rechten Bildhälfte bewegt sich eine dicht gedrängte Menge ausgemergelter und angstvoller Menschen, der erste trägt gut sichtbar einen Judenstern, nach vorne. Der Menschenstrom, der die Opfer des Nationalsozialismus darstellt, verwandelt sich am unteren linken Bildrand in Menschen in Häftlingskleidung. Dass sie der Tod erwartet, wird durch den Galgen mit einem Gehenkten veranschaulicht, auf den die Häftlinge zugehen. Dieses grausame Schicksal der Opfer des NS-Regimes und die fast unvorstellbaren Dimensionen des NS-Massenmordes werden zusätzlich unterstrichen durch den oberen Bildhintergrund, der schemenhaft eine Flut bzw. ein Meer aus Blut und Leichen andeutet und am Ende durch die Kreuze einen Friedhof sichtbar werden lässt.

Zu Aufgabe 5, S. 119
Vgl. die Erläuterung zu M 5.

Zu Aufgabe 6, S. 119
Vgl. den Darstellungstext und die Materialien im Schülerband, S. 56–63, sowie die Erläuterungen dazu, S. 44 ff.

Zu Aufgabe 7, S. 119
Vgl. die Erläuterung zu M 6.

M 7, S. 119–121
Der Widerstand des 20. Juli 1944

a) Denkschrift Carl-Friedrich Goerdelers vom 26. März 1943 für die Generalität
Zur Person: s. SB S. 156
Zur Quelle: Die Denkschrift fordert die Wiederrichtung der Monarchie in Deutschland. Sie soll eine stetige Politik garantieren und die Bevölkerung integrieren. Unter dem Monarchen sollen der Oberbefehlshaber der Streitkräfte und ein Kanzler mit ihm verantwortlichen Ministern die Regierungstätigkeit übernehmen.

b) Der „Kreisauer Kreis" am 9. August 1943 in seinen „Grundsätzen für die Neuordnung"
Zum „Kreisauer Kreis": Im „Kreisauer Kreis", benannt nach dem schlesischen Gut des Grafen Helmuth von Moltke (1907–1945), fanden sich hohe Offiziere, Diplomaten, Christen und Sozialdemokraten zusammen. Die Diskussionen dieses weltanschaulich breit gefächerten Gesprächskreises drehten sich um eine Staats- und Gesellschaftsordnung für Deutschland nach der erwarteten politisch-militärischen Niederlage des NS-Staates. Die nicht abgeschlossenen Debatten um die innenpolitische Neuordnung zielten auf eine eher ständisch orientierte Staatsordnung hin. Allerdings gab es auch Vertreter eines christlichen Sozialismus. Einig war man sich weitgehend im Bekenntnis zu rechtsstaatlichen Prinzipien und zur Einhaltung der Menschenwürde. Wenngleich einige „Kreisauer" glaubten, die von Hitler errungenen außenpolitischen Positionen (Österreich, Sudetengebiete) erhalten zu können, lehnte man doch Hegemonialstreben ab. Als Fernziel visierte man die Eingliederung Deutschlands in eine europäische Union an. Zum „Tyrannenmord", also zur Ermordung Hitlers, konnte sich der „Kreisauer Kreis" nicht durchringen.
Zur Quelle: Der Text formuliert folgende wesentliche Ziele für die Ordnung nach dem NS-Regime:

- Wiedererrichtung des Rechtsstaates
- Unabhängigkeit der Justiz
- kommunale Selbstverwaltung mit Bürgerbeteiligung
- Einrichtung eines Parlamentes
- föderale Ordnung

c) Der Historiker Ludolf Herbst schreibt 1996 zum Widerstand des 20. Juli 1944
Der Text enthält folgende zentrale Thesen:
- Widerstand gegen das NS-Regime, der diesen Namen verdient, muss auf naturrechtlichen Vorstellungen beruhen.
- Große Teile des christlichen, sozialdemokratischen, gewerkschaftlichen und auch des kommunistischen Widerstandes beriefen sich auf die zu bewahrende naturrechtliche Tradition des Abendlandes.
- Die Kräfte, die das Attentat vom 20. Juli 1944 planten, standen kaum in der Tradition des abendländischen Naturrechts. Einige der Beteiligten begannen sogar als Parteigänger oder Sympathisanten der Nationalsozialisten.
- Das Attentat vom 20. Juli 1944 war ein Aufstand des privaten Gewissens. Es ging nur noch darum, ein moralisches Zeichen zu setzen, da die Machtstellung des Deutschen Reiches nicht mehr zu bewahren war.

Zu Aufgabe 8, S. 121
Vgl. die Erläuterungen zu M 7 a, b und zu M 5 d (SB S. 69), S. 49 – Die Judenverfolgung als Motiv für Widerstand gegen das NS-Regime wird in SB M 7 a, b nicht angesprochen. Allerdings geht aus M5d (SB S. 69) hervor, dass die Judenverfolgung für Vertreter des „Kreisauer Kreises" ein Grund war, Widerstand gegen das NS-Regime zu leisten.

Zu Aufgabe 9, S. 121
Tafelanschrieb: Der Widerstand gegen das Naziregime (siehe Darstellung unten)

Zu Aufgabe 10, S. 121
Vgl. die Erläuterung zu M 7 c.
Didaktisch-methodischer Hinweis: Im Mittelpunkt der Diskussion sollte die Frage stehen, ob und inwieweit die Orientierung am Naturrecht ein wesentliches Kriterium für den Widerstandsbegriff gegen das NS-Regime sein kann oder darf. Dabei ist darauf hinzuweisen, dass die Menschenrechte nach naturrechtlicher Auffassung unverletzlich und unveräußerlich, d. h. angeboren, Ausfluss der menschlichen Natur, Bausteine der göttlichen Weltordnung sind. Solche naturrechtlichen Vorstellungen gibt es bereits seit vorchristlichen Zeiten. Grundlegend für das moderne Naturrecht ist die Vertragstheorie, wie sie von dem englischen Philosophen John Locke (1632 bis 1704) vertreten worden ist. Kern dieser Lehre ist die Überzeugung, dass die Menschen den Staatsvertrag „zur gegenseitigen Erhaltung ihres Lebens, ihrer Freiheit und ihres Besitzes" schließen und nicht, um diese Rechte aufzugeben. Daher könne die politische Macht nicht eine gänzlich willkürliche Macht sein.

TAFELANSCHRIEB

Der Widerstand gegen das NS-Regime

Gruppen	Motive	Aktionen	Ziele
Kommunisten	Ideologische Überzeugung, marxistische Prägung	Sabotageakte, Flugblätter	Überwindung des Faschismus zugunsten sozialistischer Ordnung
Sozialdemokraten und Gewerkschafter	Menschenrechte, Humanitätsdenken	Solidarische Hilfeleistung im Untergrund	Überwindung des Faschismus zugunsten einer demokratischen Ordnung
20. Juli	Tyrannei Hitlers; drohende Katastrophe durch den Krieg	Attentat	Beseitigung des Unrechtssystems
Weiße Rose	Tyrannei, Sinnlosigkeit des Krieges, Ansehen Deutschlands	Flugblattaktionen	Rechtsstaat

Thomas Jefferson (1743–1826) hat diesen Gedanken in der amerikanischen Unabhängigkeitserklärung fast wörtlich übernommen, in dem er Leben, Freiheit und das Trachten nach Glück als angeborene Rechte erklärte, „dass, um diese Rechte zu sichern, Regierungen errichtet sind, die ihre Macht von der Zustimmung der regierten Menschen herleiten, dass, wann immer eine Regierungsform diese Grundrechte zunichte macht, das Volk berechtigt ist, die Regierungsform zu ändern oder zu beseitigen und eine neue Regierung zu bilden."

M 8, S. 121
Widerstand – Opposition – Resistenz?

Der Text plädiert für eine Erweiterung der Widerstandsforschung: Nicht nur der politische Widerstand, der sich in Aktionen gegen das NS-Regime niedergeschlagen hat (Beispiel: Attentat vom 20. Juli 1944), und die politische Opposition etwa der Arbeiterbewegung oder der Weißen Rose sollen in das Blickfeld der Historiker geraten. Auch die vielfältigen Formen von Nonkonformität und Antihaltungen müssen bei der Betrachtung des Widerstandes erfasst werden. Für die unterschiedlichen Arten der wirksamen Abwehr, Begrenzung, Eindämmung der NS-Herrschaft oder ihres Anspruches, unabhängig von ihren Motiven, Gründen und Kräften wird der Begriff der Resistenz vorgeschlagen.

Zu Aufgabe 11, S. 121
Vgl. die Erläuterungen zu M 7 c und M 8.
Didaktisch-methodischer Hinweis: Zur Erläuterung der Kontroversen zum Widerstand bietet sich ein Vergleich zwischen der Position in M 7 c und M 8 an. Der Text in M 7 c macht eine bestimmte Haltung, nämlich die Orientierung am Naturrecht, zum Hauptkriterium für Widerstand. Dagegen unterscheidet der Text in M 8 zwischen Widerstand, also aktivem Handeln gegen das NS-Regime, Opposition, d. h. ideologischer, politischer oder moralischer Gegnerschaft, und Resistenz. Darunter wird ein breites Spektrum von Verhaltensformen und Aktionen zwischen Anpassung und Widerstand „von unten" verstanden.
Zur Vertiefung und Ergänzung der Diskussion um den Widerstandsbegriff kann der folgende Text mit herangezogen werden, der die Vor- und Nachteile der unterschiedlichen Positionen sorgsam gegeneinander abwägt: „Diese gewiss verdienstvolle Wiederentdeckung der ‚kleinen Leute' und ihres vielfach heldenhaften, weil lebensgefährlichen Aufbegehrens gegen das Unrecht [durch die Resistenzfor-

schung], die einherging mit einer gewissen ‚Entmonumentalisierung' des Widerstandes, ohne ihm die verdiente Achtung zu versagen, löste aber neue Schwierigkeiten aus, und zwar mit der angemessenen und treffenden Benennung und Zuordnung. Was sich schon gleich nach 1945 – damals noch aus durchsichtigen Gründen der ‚Reinwaschung' von Schuldvorwürfen – angekündigt hatte, wuchs sich nunmehr zu einem Problem aus: die um sich greifende Inflationierung des Begriffes Widerstand mit der Gefahr, dass er immer mehr an Randschärfe verlor und die anstehenden Sachverhalte eigentlich mehr verdunkelte als klar umschrieb. Alles oppositionelle Verhalten und Handeln wurde unter ihm subsumiert.
So schwierig es ist, die sehr unterschiedlichen ‚widerständigen' Verhaltensformen und Reaktionen in der Bevölkerung klar gegeneinander abzugrenzen, vor allem da hier auch Entwicklungsprozesse von der anfänglichen rückhaltlosen Bejahung des Regimes – etwa bei Stauffenberg – hin zu seiner strikten Ablehnung stattgefunden haben, so spricht doch heute einiges dafür, von aktivem und prinzipiellen Widerstand nur bei den Männern und Frauen zu sprechen, die rückhaltlos bereit waren, im Kampf gegen das Regime ihr eigenes Leben und oft auch das ihrer Familie aufs Spiel zu setzen und das Letzte zu wagen."
(Bernd Jürgen Wendt, Deutschland 1933–1945. Das „Dritte Reich". Handbuch zur Geschichte, Fackelträger, Hannover 1995, S. 334)

M 9, S. 121
Widerstandsrecht im Grundgesetz

Der Artikel legt folgende Prinzipien für die politisch-staatliche Ordnung der Bundesrepublik Deutschland fest:
– das Prinzip der repräsentativen Demokratie
– das Sozialstaatsprinzip
– das föderale Prinzip (Bundesstaat)
– die Gewaltenteilung
– das Recht auf Widerstand, wenn die demokratische Ordnung bedroht ist und keine anderen Mittel zur Verfügung stehen

Zu Aufgabe 12, S. 121
Didaktisch-methodischer Hinweis: Bei der Diskussion darüber, ob der Artikel 20 (4) GG als „historisches Vermächtnis" bezeichnet werden könne, ist auf jeden Fall das Konzept der „wehrhaften" bzw. „streitbaren" Demokratie zu erörtern, das dem Grundgesetz der Bundesrepublik Deutschland zugrunde liegt

und das auch vom Bundesverfassungsgericht bekräftigt wurde. Folgende Überlegungen sind dabei zu berücksichtigen: Das Grundgesetz ist der zweite Versuch in Deutschland, eine demokratische Ordnung zu errichten. Es wurde 1949 mit dem festen Willen geschaffen, ein Bollwerk gegen solche Entwicklungen zu errichten, die im Jahr 1933 zur Beseitigung der Weimarer Republik bzw. zur Errichtung der NS-Diktatur geführt hatten. Das Bundesverfassungsgericht nennt den Staat des Grundgesetzes daher eine „streitbare, wehrhafte Demokratie", gestaltet „aus der bitteren Erfahrung mit dem Schicksal der Weimarer Demokratie".

Der Parlamentarische Rat, der in den Jahren 1948/49 das Grundgesetz erarbeitete, war von Anfang an entschlossen, den neuen Staat nicht den Feinden der Demokratie auszuliefern. Es solle sich künftig „jener nicht auf die Grundrechte berufen dürfen, der von ihnen Gebrauch machen will zum Kampf gegen die Demokratie und die freiheitliche Grundordnung", sagte der sozialdemokratische Abgeordnete Carlo Schmid am 8. September 1948 zu Beginn der Verfassungsberatungen.

Eine der wesentlichen Grundlagen der „wehrhaften" Demokratie ist das Widerstandsrecht, das erst mit der Verabschiedung der Notstandsgesetze im Grundgesetz verankert worden ist. Dabei ging es vor allem um die Ablösung noch bestehender Souveränitätsrechte der ehemaligen Besatzungsmächte. Relativ unumstritten war, dass die Bundesrepublik Deutschland Verfassungsregelungen für den „äußeren Spannungsfall" brauchte, umstritten waren dagegen besonders in der SPD die Notstandsregelungen für „innere Unruhen". Viele Bürger hatten Angst vor einem schleichenden Übergang in die Diktatur, die Gewerkschaften vor einem Einsatz von Polizei und Bundeswehr bei Streiks. Nach langen Auseinandersetzungen verabschiedete der Bundestag im Mai 1968 schließlich die Notstandsgesetze, nachdem in Art 9 GG die Geltung von Notstandsregelungen für Arbeitskämpfe ausgeschlossen und in Art 20 (4) GG ein Widerstandsrecht der Bürger gegen eine missbräuchliche Anwendung der Notstandsgesetze eingeführt worden war.

Von einem „historischen Vermächtnis" kann also insofern gesprochen werden, als das Widerstandsrecht in das Grundgesetz aufgenommen wurde, um eine Entwicklung wie in Weimar zu verhindern. Denn die Gegner der Notstandsgesetze verwiesen immer auf das warnende Beispiel der Weimarer Republik und die Gefahr eines Missbrauchs durch eine erneute Diktatur von rechts.

M 10, S. 122
Aus einer Predigt des katholischen Bischofs von Münster, Clemens August Graf von Galen, vom 3. August 1941

Zur Person: s. SB S. 155

Zum historischen Hintergrund: Nach der von der Öffentlichkeit kaum wahrgenommenen Tötung von mindestens 5 000 behinderten Kleinkindern durch Nahrungsentzug oder medikamentöse Behandlung wurden 1940/41 in der „Aktion T 4" mit personeller und materieller Unterstützung durch die SS über 70 000 psychisch Kranke und geistig Behinderte vergast. Dieser Massenmord, den Hitler in einem schriftlichen Befehl angewiesen hat, wurde als „Euthanasie" (griechisch: eu = gut, thanatos = Tod; Synonym für Sterbehilfe, Erleichterung des Todeskampfes durch Medikamente) verharmlost. Trotz größter Geheimhaltung wurden die Morde bekannt und führten zu erheblicher Unruhe in der Bevölkerung. Nach scharfen kirchlichen Protesten, z. B. von Bischof Galen, wurde die Aktion im August 1941 eingeschränkt. Die „Sonderbehandlungen" gingen jedoch weiter, vor allem im besetzten Osten. Die Historiker schätzen die Gesamtzahl der Opfer auf 100 000. Auch das „T 4"-Personal blieb weiter im Einsatz. Die „Euthanasie"-Morde bilden eine Vorstufe zum Völkermord an den Juden.

Zur Quelle: Der Rassismus war nicht nur einer der Grundpfeiler der NS-Weltanschauung, sondern wurde seit der Machtübernahme der Nationalsozialisten zum Inhalt staatlicher Politik, zum Dreh- und Angelpunkt staatlichen Handelns. Mit der Annahme der Höher- und Minderwertigkeit unterschiedlicher „Rassen" war eine sozialdarwinistische Interpretation der Geschichte verbunden, nach der sich stets die Stärkeren gegen die Schwächeren durchsetzen. Hinzu kam die Auffassung der Rassenhygiene, die unter Berufung auf die Naturwissenschaften besondere Hilfen für die Schwachen und Bedürftigen abwehrte. Der totalitäre NS-Staat beanspruchte durch die Vernichtung „unwerten Lebens" die „Volksgesundheit" zu fördern, er nahm also für sich das Recht in Anspruch, über lebenswertes und „lebensunwertes" Dasein zu entscheiden und „lebensunwertes" Leben zu vernichten.

Diesem totalitären Anspruch des NS-Regimes widersetzte sich Bischof Galen in seiner Predigt. Seine Argumente lauten:
– Arme und kranke, „unproduktive" Menschen sind unsere Mitmenschen, unsere Brüder und Schwestern (Textbeleg: M 10, Zeile 25–33).

- Die Vernichtung „unproduktiver" Menschen darf nicht legalisiert werden, da sie Tür und Tor öffnet für den Mord an zahllosen Menschen, die von der Gesellschaft angeblich nicht mehr gebraucht werden (Textbeleg: M 10, Zeile 34–54).
- Die Tötung „lebensunwerten" Lebens widerspricht dem in den Zehn Geboten verankerten sittlichen Grundsatz „Du sollst nicht töten" (Textbeleg: M 10, Zeile 55–71).

Zu Aufgabe 13, S. 122
Vgl. die Erläuterung zu M 10.

Zu Aufgabe 14, S. 122
Vgl. die Erläuterung zu M 10.

Zu Aufgabe 15, S. 122
Didaktisch-methodischer Hinweis: Grundwissen über den Widerstand der christlichen Kirchen gegen das NS-Regime vermittelt der Darstellungstext im Schülerband S. 115. Auf der Basis dieser Informationen kann das Verhalten Bischof Galens eher als mutiger Protest eines Einzelnen bzw. einer Minderheit angesehen werden. Eine breite Widerstandsbewegung gegen den Nationalsozialismus gab es in den christlichen Kirchen nicht.

Zu Aufgabe 16, S. 122
Vgl. dazu die Erläuterung zu Aufgabe 1, S. 118.

M 11 bis M 16, S. 123
Den Namen einzelner Widerstandskämpfer sollen Gesichter zugeordnet werden können.

Notizen

Kapitel 13: Deutschland nach 1945: Entnazifizierung und „Vergangenheitsbewältigung"

Hinweise zur Arbeit mit den Materialien
Siehe den Kasten im Schülerband S. 128.

M 1, S. 125
Deutschland und Mitteleuropa 1945–1948

Die Karte zeigt die Grenzen des Deutschen Reiches von 1937, das weiteste Vordringen der Westalliierten nach Osten bis Mai 1945, die territorialen Ergebnisse des Potsdamer Abkommens sowie das Kontrollgebiet der internationalen Ruhrbehörde und gibt die Gründungsjahre der Länder wieder.

Ostpreußen und die Gebiete östliche von Oder und Neiße wurden von der Sowjetunion und Polen besetzt und galten nicht als Zonengebiete. Ostpolen blieb russisch besetzt, Polen wurde um ca. 100 km nach Westen verschoben (Flucht und Vertreibung der Deutschen).

Da Frankreich erst später als Besatzungsmacht zugelassen wurde und die Sowjetunion nicht bereit war, Gebiete für eine französische Besatzungszone bzw. einen Sektor in Berlin abzutreten, ergab sich, dass das sowjetisch besetzte Territorium (auch in Berlin) größer war als jedes von den Westalliierten besetzte Gebiet. Der auffallende Zuschnitt der französischen Zone in Süd- und Südwestdeutschland resultierte daraus, dass die Amerikaner die Autobahn Frankfurt – Karlsruhe – Stuttgart – München als Verkehrsader ihrer Zone behalten wollten. Bremen und Bremerhaven stellten die Seeverbindungen für die Amerikaner dar. (Transatlantikflüge mit Lasten waren damals noch nicht möglich.)

M 2, S. 128
Aus einem Bericht des amerikanischen Geheimdienstes vom 12. August 1945 über die Einstellungen der deutschen Bevölkerung in der US-Zone

Zum historischen Hintergrund: Die Deutschen befreiten sich nicht aus eigener Kraft von der Herrschaft des Nationalsozialismus. Erst die von den alliierten Streitkräften erzwungene Kapitulation bewirkte den Zusammenbruch der NS-Diktatur. Am 7. Mai 1945 unterzeichnete Generaloberst Alfred Jodl (1890 bis 1946) in Reims im Hauptquartier des Oberbefehlshabers der westalliierten Streitkräfte, General Dwight D. Eisenhower (1890–1969), die Kapitulationsurkunde. Am 8./9. Mai wurde dieser Rechtsakt auf ausdrücklichen Wunsch der Sowjetunion in Berlin-Karlshorst wiederholt. Wenige Tage später wurde die Regierung des Großadmirals Karl Dönitz (1891–1980), den Hitler zu seinem Nachfolger bestimmt hatte, bei Flensburg abgesetzt. Die Regierungsgewalt in Deutschland ging auf die Oberkommandierenden der alliierten Streitkräfte über.

Das Territorium des Reiches wurde vollständig erobert und in eine sowjetische, amerikanische, britische und – etwas später – französische Besatzungszone aufgeteilt. General Eisenhower verbot jede Verbrüderung mit der deutschen Bevölkerung, da Deutschland nicht zum Zwecke seiner Befreiung, sondern als besiegter Feindstaat besetzt worden sei. Deutschland war nun Objekt der Politik der Besatzungsmächte und nicht länger Subjekt.

Zur Quelle: Der Bericht lässt ein zum Teil sehr widersprüchliches Bild über die politischen Einstellungen im Nachkriegsdeutschland erkennen:
– Die Bevölkerung spricht sich von der Verantwortung für NS-Verbrechen frei, die allein Hitler oder anderen Einzelpersonen angelastet werden.
– Nach wie vor vom Nationalsozialismus Überzeugte distanzieren sich mit übergroßer Mehrheit von Hitler, allerdings spricht etwas mehr als die Hälfte von ihnen Hitler von den Verbrechen an den Juden frei.
– Im Nachkriegsdeutschland herrschen latente antisemitische Einstellungen vor.
– Die Mehrheit der deutschen Bevölkerung lehnt die Verfolgung und Vernichtung der Juden ab.
– Die deutsche Bevölkerung zeichnet sich durch politische Apathie aus, sie versteht sich als Objekt der Politik der Besatzungsmächte.

Zu Aufgabe 1, S. 128
Vgl. die Erläuterung zu M 2.

Zu Aufgabe 2, S. 128
Die zitierten Umfragen erfüllen in keiner Weise heutige sozialwissenschaftliche Anforderungen. Auch ist die Repräsentativität der in den Geheimdienstberichten getroffenen Aussagen über die Stimmungslage der deutschen Bevölkerung nicht gesichert. Dennoch bieten diese Berichte wichtige Anhaltspunkte für die Bewusstseinslage im Nachkriegsdeutschland.

M 3, S. 128–130
Stellungnahmen der Parteien 1945

a) Aus einem Aufruf des Zentralkomitees der KPD vom 11. Juni 1945

Im Mittelpunkt steht die Frage nach der Schuld am Aufstieg Hitlers und der NSDAP und damit auch am Zweiten Weltkrieg und der Niederlage 1945 mit all ihrem sozialen Elend. Der Aufruf schließt sich zwar nicht der Kollektivschuldthese an, nach der das gesamte deutsche Volk für den Krieg und den NS-Terror verantwortlich gewesen seien, aber er belastet nicht bloß Hitler, die NS-Elite, die Militärs und die Wirtschaftskapitäne. Darüber hinaus werden nicht nur die 10 Millionen NSDAP-Wähler, sondern auch die Millionen und Abermillionen Deutschen schuldig gesprochen, die der Nazi-Demagogie verfielen oder das Gefühl für Anstand und Gerechtigkeit verloren.

b) Aus einem Aufruf des Zentralausschusses der SPD vom Juni 1945

Der SPD-Aufruf thematisiert zum einen die Schuldfrage. Dabei erscheint das deutsche Volk als Opfer in einem zweifachen Sinne: Es wurde Opfer der NS-Führungselite und muss die Kosten für deren Politik bezahlen. Zum anderen beschäftigt sich der Aufruf mit der Gestaltung der Zukunft. Die Forderung der SPD lässt sich zusammenfassen in der Parole „Demokratie in Staat und Gemeinde, Sozialismus in Wirtschaft und Gesellschaft!" Aber auch die Wiedergutmachung wird bereits angesprochen.

c) Aus dem Gründungsaufruf der CDU (Berlin) vom 26. Juni 1945

In diesem Text wird die Schuldfrage nur sehr vage angesprochen. Es ist lediglich die Rede von den Schuldigen und ihren Helfershelfern, die jedoch nicht genau bezeichnet werden. Gemeint ist aber die NS-Führung und alle, die ihr direkt zugearbeitet haben. Stattdessen werden die christlichen, demokratischen und sozialen Kräfte zur Neugestaltung eines demokratischen Staatswesens aufgerufen. Grundlage der neuen demokratischen Ordnung soll die Rückbesinnung auf die sittlichen und geistigen Kräfte des Christentums sein.

Zu Aufgabe 3, S. 130
(Siehe Tabelle unten)

Weiterführender Literaturhinweis: Einen guten Einstieg in die Auseinandersetzung der Parteien mit dem NS-Regime und ihren Programmen bietet Christoph Kleßmann, Die doppelte Staatsgründung, Vandenhoeck & Ruprecht, Göttingen 1991, Kapitel IV.

Zu Aufgabe 4, S. 130
Vgl. die Erläuterungen zu M 3 und die Tabelle zu Aufgabe 3, S. 130.

M 4, S. 130
Plakat zum Volksentscheid über die Enteignung in Sachsen, 1946

Zum historischen Hintergrund: In der sowjetischen Besatzungszone verlangte die Besatzungsmacht eine grundlegende Änderung der Besitz- und Eigentumsverhältnisse, besonders aber eine Überführung von Schlüsselindustrien in Volkseigentum. Die sächsische Landesverwaltung nahm am 25. Mai 1946 das von der sowjetischen Militäradministration geforderte Gesetz über die Übergabe von Betrieben von Nazi- und Kriegsverbrechern in das Eigentum des Volkes an und legte es der Bevölkerung zur Abstimmung vor. Bei dem Volksentscheid am 30. Juni 1946 sprachen sich bei einer Beteiligung von 93,7 % der Stimmberechtigten 77,62 % für die Enteignung aus, 16,56 % lehnten sie ab und 5,82 % der Stimmen waren ungültig. Damit war das Gesetz angenommen und wurde mit dem gleichen Datum in Kraft gesetzt.

Zur Quelle: Kernpunkt der Antifaschismus-Ideologie in der sowjetischen Besatzungszone war die These,

	KPD	SPD	CDU
Schuldige am Nationalsozialismus	Hitler, NSDAP, Militärs, Wirtschaftskapitäne und Abermillionen von Deutschen	NS-Elite; deutsches Volk ist Opfer	NS-Elite und ihre Helfershelfer
Grundlagen der Zukunftsgestaltung	Schaffung eines Blocks antifaschistischer Parteien	Demokratie und Sozialismus	Demokratie und Christentum

dass vor allem Großagrarier und Großkapital für den Nationalsozialismus verantwortlich gewesen seien. Wer eine Wiederkehr des Nationalsozialismus verhindern wolle, müsse daher die private Verfügungsmacht über Produktionsmittel abschaffen, also Enteignungen durchführen.

Das Bild propagiert diese Ideologie, indem es den Blick auf einen athletischen, optimistisch in die Zukunft blickenden Arbeiter lenkt. Seine linke Hand liegt ruhig auf einem modernen Fabrikgebäude. Dadurch wird symbolisiert, dass der Betrieb ihm und damit dem Volk gehört. Mit seiner rechten Hand zeigt der Arbeiter in die Vergangenheit des NS-Regimes. Die Kreuze und das darüber liegende Bild sollen die Millionen Toten und die Zerstörungen des Weltkrieges veranschaulichen. Die Bildaussage ist eindeutig: Wer eine Wiederholung des Nationalsozialismus vermeiden will, muss für das Volkseigentum, also für Enteignungen eintreten. Die Schrift unterstreicht diese Aussage: Allerdings ist dabei nicht von den Nationalsozialisten die Rede, sondern von Kriegsverbrechern. Dadurch soll das NS-Regime mit Krieg identifiziert werden. Dementsprechend wird die Zukunft, die durch die Enteignungen herbeigeführt werden soll, mit dem positiv besetzten Wort „Frieden" bezeichnet. Auf diese Weise wird die Abstimmung über die Enteignungen zu einer Frage über Krieg oder Frieden überhöht.

Zu Aufgabe 5, S. 130
Vgl. die Erläuterung zu M 4.

Zu Aufgabe 6, S. 130
Vgl. die Erläuterung zu M 4.

Zu Aufgabe 7, S. 130
Vgl. die Erläuterungen zu M 4 und M 6 (SB S. 119) Weiterführende Anregungen zu dieser Aufgabe, in der es um Methodenarbeit geht und die von den Schülerinnen und Schülern selbstständig bewältigt werden soll, finden sich in Volker Bauer u. a., Methodenarbeit im Geschichtsunterricht, Cornelsen, Berlin 1998, S. 38 ff., 75 ff. Dort finden sich ausführliche Erörterungen zum Thema Malerei und Geschichte bzw. Plakat und Geschichte.

M 5, S. 130 f.
Was ist Schuld?

Der Text unterscheidet folgende Schuldbegriffe:
– kriminelle Schuld: objektiv nachweisbare Verbrechen;

– politische Schuld: Haftung für staatliches Handeln (sie ergibt sich aus gemeinsamer Staatsbürgerschaft, d. h. aus der Tatsache, dass Menschen der Gewalt des Staates unterstellt sind und durch dessen Ordnung ihr Dasein haben);
– moralische Schuld: Verantwortung des Menschen für alles, was er selbst tut, auch im politischen und militärischen Bereich;
– metaphysische Schuld: Verletzung der grundsätzlichen zwischenmenschlichen Solidaritätspflicht.

Zur Verdeutlichung der verschiedenartigen Schuldbegriffe sollten die Instanzen erwähnt werden, vor denen jene Schuldarten bekannt werden und von denen sie als Vorwurf erhoben werden können: Das Gericht klagt kriminelle Schuld an, der Sieger fordert die politische Haftung der Besiegten ein, das eigene Gewissen oder liebende Mitmenschen können einen moralischen Schuldvorwurf erheben; und die Instanz metaphysischer Schuld ist Gott allein.

Zu Aufgabe 8, S. 131
Didaktisch-methodischer Hinweis: Bei ihren Recherchen sollten sich die Schülerinnen und Schüler nicht allein auf den Philosophen bzw. die Philosophie von Jaspers konzentrieren. Darüber hinaus gilt es, Jaspers auch als politischen Schriftsteller zu würdigen. Und vor allem ist der persönliche Lebensweg zu sehen: Mit einer Jüdin verheiratet, war Jaspers trotz Berufs- und Publikationsverbots in Deutschland geblieben, hatte jedoch nicht mit dem NS-Regime kollaboriert. Das verschaffte ihm in der Nachkriegszeit eine hohe geistig-moralische Autorität.

Zu Aufgabe 9, S. 131
Didaktisch-methodischer Hinweis: Bei der Überprüfung der Schuldkategorien von Jaspers unter der Fragestellung, ob sie einer nachträglichen Aneignung der Opfergeschichte durch die Überlebenden gerecht werden können, lassen sich folgende Überlegungen in den Vordergrund stellen:
– Bei der Ermittlung der kriminellen Schuld durch Gerichte stehen zwar die Täter im Vordergrund. Aber ohne den Ernst juristischer Prozesse mit drohenden Strafen wäre es in der Bundesrepublik Deutschland weder zur Erhebung wichtiger Fakten noch zu engagierten Debatten über NS-Verbrechen gekommen. Dabei haben die oft unter großen seelischen Qualen geäußerten Zeugenaussagen der Opfer des NS-Regimes viel über deren Leiden und Geschichte bekannt gemacht. Und die Berichte in den Medien über diese Prozesse haben eine breitere Öffentlichkeit zum Hin-

sehen gezwungen und das Beschweigen der Opfer erschwert.

– Die Anerkennung einer politischen Schuld und
damit auch einer politischen Haftung lenkt den
Blick besonders auf die Opfer und deren Geschichte. Ob es um die Wiedergutmachung und
Entschädigung zwischen Privatpersonen, die Entschädigung oder Rückerstattung von Privatpersonen durch den Staat oder Vereinbarungen von
Globalentschädigungen zwischen Staaten bzw.
internationalen Organisationen geht, immer stehen die Opfer im Vordergrund, denen Unrecht geschehen ist. Diese Tatsache lässt sich auch nicht
dadurch relativieren, dass Wiedergutmachungen
oder Entschädigungen in der bundesrepublikanischen Entwicklung zum Teil außerordentlich un-
populär waren.

– Das Abwägen moralischer Schuld durch das individuelle Gewissen ist zuerst eine Entscheidung
darüber, ob eigenes Handeln gut oder böse war.
Ein Eingeständnis moralischer Schuld bedeutet
das Bekenntnis zum Verstoß gegen sittliche Prinzipien. Ob und inwieweit dabei auch das Leiden des
oder der Opfer intensiv reflektiert wird, hängt von
der Persönlichkeit des Einzelnen ab und von den
Rahmenbedingungen, unter denen die Gewis-
sensentscheidung getroffen wird.

– Ganz besonders schließt das Bekenntnis zu metaphysischer Schuld das Gedenken an die Opfer und
ihre Leidensgeschichte ein, geht es doch um die
Anerkennung der Solidarität zwischen Menschen.

M6, S. 131f.
Die Bürde der Vergangenheit und die christlichen Kirchen nach Kriegsende

a) Aus dem ersten Nachkriegs-Hirtenbrief der in Fulda versammelten deutschen katholischen Bischöfe vom 23. August 1945

Der Text verdeutlicht, wie schwer sich unmittelbar
nach 1945 die katholische Kirche tat, eine Mitverantwortung für deutschen Verbrechen zwischen
1933 und 1945 einzugestehen. Diese Schwierigkeiten schlagen sich in einer außerordentlich wider-
sprüchlichen und vagen Argumentation nieder: Im
ersten Absatz des Textes wird die Resistenz der Katholiken gegenüber dem Nationalsozialismus hervorgehoben. Aber im zweiten Absatz räumen die
Bischöfe ein, dass auch Katholiken an den Verbrechen des NS-Regimes beteiligt waren oder zumindest gleichgültig zugeschaut haben. Und im dritten
Absatz werden diejenigen, die den NS-Staat aktiv
unterstützt haben, wieder entlastet. Sie hätten auf-

grund ihrer abhängigen Stellung mitmachen müssen oder von den Untaten der Nazis nichts gewusst
oder Schlimmeres verhüten wollen.

b) Aus der Erklärung des Rates der Evangelischen Kirche in Deutschland vom 19. Oktober 1945 („Stuttgarter Schuldbekenntnis")

Die zentralen Selbstvorwürfe des „Stuttgarter
Schuldbekenntnisses" lauten:

– Die Kirche hat sich nicht konsequent zu ihrer
christlichen Botschaft bekannt und diese im Alltag
nicht konsequent befolgt.
– Die Kirche hat sich glaubensfremden Einflüssen
geöffnet.
– Die Kirche hat sich dem Geist der Gewalt und Vergeltung geöffnet, nicht aber im Geist des Friedens
und der Liebe gehandelt, was ihre Aufgabe gewesen wäre.

M7, S. 132f.
Neue Sichtweisen?
„Vergangenheitsbewältigung" in den christlichen Kirchen Ende der 1970er-Jahre

a) Aus der Erklärung des Sekretariats der Deutschen
Katholischen Bischofskonferenz vom 31. Januar 1979
Mit dieser Erklärung bekennt sich die katholische Kir-
che schuldig, dass sie nicht immer zum richtigen
Zeitpunkt und deutlich gegen die Entrechtung und
Verfolgung der Juden protestiert habe.

b) Der Protestant Eberhard Bethge erinnert sich 1978
Bethge beklagt, dass die protestantische Beken-
nende Kirche die Entrechtung, Verfolgung und Vernichtung der Juden nicht als zentrales Verbrechen
des Nationalsozialismus erkannt und herausgestellt
habe. Ihr Protest habe sich zwischen 1933 und 1945
gegen die Abhängigkeit der Kirche vom Staat und
der christlichen Lehre von heidnischer Ideologie ge-
richtet. Und nach 1945 habe man weder den Dialog
mit den Juden gesucht noch den Holocaust er-
forscht.

Zu Aufgabe 10, S. 133
Vgl. die Erläuterung zu M6a.

Zu Aufgabe 11, S. 133
Vgl. die Erläuterung zu M6b.

Zu Aufgabe 12, S. 133
Abgesehen davon, dass sich die katholische Kirche
mit dem Eingeständnis von Mitverantwortung

schwerer tut als die protestantische Kirche, die sich schuldig bekennt, gibt es zwischen den beiden Konfessionen einen zentralen Unterschied: Im Mittelpunkt des katholischen Hirtenbriefs (SB M 6 a, S. 131) stehen die Verfehlungen der Gläubigen, nicht der Kirche. Diese verpflichtet sich, ihre Gläubigen, besonders die Jugend, wieder mit den Kerngedanken des Christentums (Gottesrecht und Menschenrecht, menschliche Würde und Gewissensfreiheit) vertraut zu machen im Interesse einer friedlichen Zukunft. Dagegen stellt das evangelische „Schuldbekenntnis" (SB M 6 b, S. 131f.) die Schuld der Kirche in den Mittelpunkt. Folgerichtig wird die Rückbesinnung der Kirche auf die christliche Lehre und ihren eigentlichen Auftrag als entscheidende Zukunftsaufgabe genannt.

Tafelanschrieb
Unterschiede zwischen dem katholischen Hirtenbrief und dem „Stuttgarter Schuldbekenntnis" von 1945 (siehe Darstellung unten)

Aufgabe 13, S. 133
Ein Grund für das Überdenken der bisherigen kirchlichen Positionen zum Nationalsozialismus wird in der Erklärung der katholischen Bischöfe (SB M 7 a, S. 132) genannt: die Ausstrahlung des Fernsehfilm „Holocaust". Diese amerikanische Fernsehserie wurde am 22., 23., 25. und 26. Januar 1979 über alle Dritten Programme der ARD vom Westdeutschen Fernsehen gesendet. Die Wirkung dieses Films, der den Holocaust aus der Perspektive einer betroffenen jüdischen Familie zu veranschaulichen versuchte, war außerordentlich groß. Millionen von Menschen waren zutiefst betroffen, sahen sich mit ihrer eigenen Geschichte, der Vergangenheit ihrer Väter konfrontiert. Die außerordentliche Emotionalisierung durch den Film bewirkte, dass ein ganzes Volk plötzlich offen über das dunkelste Kapitel seiner Geschichte zu diskutieren begann. Darüber hinaus sind noch zahlreiche andere Faktoren zu nennen,

die seit Beginn der 1960er-Jahre die Bereitschaft der deutschen Öffentlichkeit für eine kritische Aufarbeitung der NS-Vergangenheit verstärkten. Besonders hervorzuheben sind dabei folgende Vorgänge und Entwicklungen:
– Mit der Jahreswende 1959/60 alarmierten die Schändung der Kölner Synagoge und eine Welle von Hakenkreuzschmierereien die Öffentlichkeit und lenkten die Aufmerksamkeit sowohl auf nach wie vor bestehende antisemitische Vorurteile als auch auf die Aktivitäten rechtsextremer Kreise in der Bundesrepublik Deutschland.
– In den 1960er-Jahren gerieten einige Minister der Bundesregierung (Globke, Oberländer) wegen ihrer NS-Vergangenheit unter starken öffentlichen Druck, wobei der Druck der öffentlichen Meinung im Ausland – vermittelt durch DDR-Propaganda – eine nicht geringe Rolle spielte.
– Der Jerusalemer Eichmann-Prozess (1961) und der Frankfurter Auschwitz-Prozess (1963/65) lenkte das öffentliche Interesse auf die Judenvernichtung im NS-Staat.
– Stücke wie die „Ermittlung" von Peter Weiss, Rolf Hochhuths „Stellvertreter" oder Heiner Kipphardts „Bruder Eichmann" ließen die Bühne zum Tribunal werden und erregten großes öffentliches Interesse.
– Die Studentenbewegung Ende der 1960er-Jahre stellte das Faschismusproblem in den Vordergrund und fragte sowohl nach dem Verhalten der Elterngeneration in den Jahren der NS-Diktatur als auch nach den Nachwirkungen des Nationalsozialismus.
– In den frühen 1970er-Jahren gab es eine regelrechte „Hitler-Welle": Eine Flut von Dokumenten, Veröffentlichungen und Filmen zeigte an, dass sich auch die Kulturindustrie des Themas der NS-Vergangenheit zu unterhaltenden Zwecken angenommen hatte. Eine Höhepunkt stellte die Verfilmung der Hitler-Biografie von Joachim Fest dar (1973). Millionen Menschen sahen diesen Film.

Unterschiede zwischen dem katholischen Hirtenbrief und dem „Stuttgarter Schuldbekenntnis"

Fuldaer Hirtenbrief 1945
– die Gläubigen, nicht die Kirche, haben Schuld auf sich geladen
– die Kirche muss wieder die christliche Botschaft im Denken besonders der Jugend verankern

„Stuttgarter Schuldbekenntnis" 1945
– die Kirche hat Schuld auf sich geladen
– die Kirche muss wieder zur christlichen Lehre und damit zu ihrem eigentlichen Auftrag zurückfinden

All diese Vorgänge und Entwicklungen schufen ein öffentliches Klima, in dem seit Ende der 1970er-Jahre die Diskussion um das Verhalten der deutschen Gesellschaft auf breiter publizistischer Basis geführt wurde.

Zu Aufgabe 14, S. 133

Didaktisch-methodischer Hinweis: Am Beispiel des Wandels der kirchlichen „Vergangenheitsbewältigung" soll das Bewusstsein der Schülerinnen und Schüler dafür geschärft werden, dass historische Aussagen nicht nur den jeweiligen Stand der Kenntnisse der Geschichtswissenschaft repräsentieren, sondern auch Ausdruck der erkenntnisleitenden Interessen, des gesellschaftlichen Standorts sowie der politischen und moralischen Überzeugungen ihrer Verfasser oder Befürworter sind. Außerdem können historische Interpretationen als „politisches Argument" zur Rechtfertigung bzw. Ablehnung bestimmter (tages-)politischer Ziele und Entscheidungen sowohl für einzelne Personen als auch für soziale Gruppen und politische, auch kirchliche, Institutionen dienen. Historische Deutungen sind daher wichtige Dokumente für das historisch-politische Bewusstsein und die politische Kultur einer Gesellschaft oder der in ihr lebenden Gruppen; sie machen überdies deutlich, dass sich das historisch-politische Bewusstsein aufgrund veränderter Rahmenbedingungen wandelt bzw. wandeln kann.

M8, S. 133 f.
Die NS-Zeit im Schulunterricht

a) *Beschluss der Kultusministerkonferenz vom 5. Juli 1962 über „Richtlinien für die Behandlung des Totalitarismus im Unterricht"*
Die „Richtlinien" stellen an den Unterricht folgende zentrale Anforderungen:

– Grundlage des Unterrichts soll die Totalitarismustheorie sein, nach der eine Ähnlichkeit zwischen Bolschewismus und Nationalsozialismus besteht. Diese Verwandtschaft beruht auf den verwerflichen Zielsetzungen und verbrecherischen Herrschaftsmethoden beider Systeme.
– Der Unterricht hat die besondere Gefährlichkeit des Bolschewismus in der Gegenwart herauszuarbeiten, die auf seinem universellen Anspruch beruht, dass der Kommunismus weltweit zu verbreiten ist.
– Durch exemplarisches und konkretes Aufzeigen von Einzelschicksalen soll das Leid der Opfer totalitärer Systeme veranschaulicht und zu einem emotionalisierenden Erlebnis für die Schüler werden.

– Die Widerstandskämpfer gegen die totalitären Regimes im 20. Jahrhundert sollen als Vorbilder dargestellt werden.

b) *Zusammenfassender Merktext aus dem Lehrbuch „Geschichte" für die Klasse 10 in der DDR aus dem Jahre 1977*
In der DDR gab es für den Geschichtsunterricht nur ein sechsbändiges Lehrwerk, das strenger staatlicher Kontrolle unterlag. Der Merktext enthält in komprimierter Form alle historischen und sprachlichen Elemente des „Gründungsmythos" der DDR, wobei die Reihenfolge nicht zufällig ist:

1. Während die „Befreiung" der Deutschen vom „Faschismus" im ersten Satz korrekt als Leistung der Siegerallianz genannt wird (wobei nur die Sowjetunion namentlich erwähnt wird), heißt es im zweiten Satz nur noch „Befreiung durch die Sowjetunion". Die Sowjetunion ist der Anfang von allem – zumindest in der Betrachtungsweise ist hier der Stalinismus noch nicht überwunden. Mit der Sowjetunion werden die Begriffe „Führung der Arbeiterklasse", „antiimperialistisch-demokratische Umwälzung" und „Sozialismus" verbunden. Der Begriff „antiimperialistisch-demokratische Umwälzung" entstand erst in der Zeit des Kalten Krieges, 1945 hieß es „antifaschistisch-demokratisch".

2. Die Sowjetunion vollbrachte in der SBZ eine „Befreiungsmission" (eine christliche Konnotation!), wieder ist ihr Wirken die Voraussetzung für die Entwicklung des „deutschen Volkes", vor allem der „revolutionär-demokratischen Staatsorgane". Unter ihrem Schutz gelang, was 1918 misslang: die Machtübernahme der Kommunisten. Damit findet Deutschland Anschluss an die Oktoberrevolution.

3. Der Sowjetunion zur Seite stand eine „kampfgestählte Kommunistische Partei". Das „Kampfgestählte" ist das Ergebnis des kommunistischen Widerstandes gegen den Faschismus. Die KPD beseitigt radikal und „endgültig" die „Wurzeln des Faschismus" (durch Boden- und Industriereform) und baut das neue Deutschland auf.

Eine Auseinandersetzung mit der nationalsozialistischen Vergangenheit fand im DDR-Geschichtsunterricht und in der DDR-Öffentlichkeit nicht wirklich statt, weil die Übernahme des sowjetischen Systems und die Herrschaft der KPD/SED sie offiziell überflüssig machten.

Zu Aufgabe 15, S. 134

Ziele des Geschichtsunterrichts in der Bundesrepublik Deutschland und der DDR

	Richtlinien für Behandlung des Totalitarismus in der Bundesrepublik Deutschland, 1962	Merktext aus der DDR, 1977
Wissenschaftliche Ziele	Nachweise der Verwandtschaft von bolschewistischem und NS-Totalitarismus: verbrecherische Ziele und Herrschaftsmethoden	Vermittlung der marxistisch-leninistischen Geschichts-auffassung: Überwindung des Kapitalismus (= Imperialismus) und Aufbau des Sozialismus ist höchstes Ziel der Menschheitsgeschichte
Politische Ziele	Distanzierung von Nationalsozialismus und Bolschewismus; Bekenntnis zur liberal-demokratischen Ordnung	Bekenntnis zur Sowjetunion bzw. zur kommunistischen Partei
Moralische Ziele	Mitgefühl mit den Opfern des Totalitarismus; Vorbildfunktion des Widerstandes gegen totalitäre Herrschaft	Identifikation mit dem kommunistischen Widerstand

M 9, S. 134
Der konservative US-Präsident Ronald Reagan (1981–1989) und CDU-Bundeskanzler Helmut Kohl (1982–1998) auf dem Soldatenfriedhof in Bitburg im Mai 1985, Fotografie

Zum Hintergrund: Anlässlich der 40. Wiederkehr des Endes des Zweiten Weltkrieges suchten der amerikanische Präsident Reagan und der deutsche Bundeskanzler Kohl nach einem geeigneten Gedächtnisort. Dabei sollte zwischen Amerikanern und Deutschen „über Gräber hinweg eine Geste für Frieden und Versöhnung" gefunden werden. Als bekannt wurde, dass Reagan einen Besuch auf dem Soldatenfriedhof Bitburg eingeplant hatte, auf dem nicht – wie angenommen – amerikanische Soldaten neben deutschen liegen, dafür aber – wie offenbar übersehen – auch ehemalige Angehörige der Waffen-SS begraben sind, brach ein Sturm der Entrüstung los. Amerikanische Juden, aber auch US-Weltkriegsveteranen und große Teile der amerikanischen Presse forderten Reagan auf, den Besuch in Bitburg abzusagen. In den amerikanischen Medien wurde wochenlang über NS-Gewaltverbrechen berichtet. Nachdem auch 200 Kongress-Abgeordnete protestiert hatten, lenkten Kohl und Reagan ein und kündigten einen „zusätzlichen" Besuch sowie die Teilnahme an einer Gedenkfeier in ehemaligen Konzentrationslager Bergen-Belsen an.

In Deutschland erregte ein Brief des CDU/CSU-Fraktionsvorsitzenden die öffentliche Meinung, in dem er die deutsche Wehrmacht gegen Kritik in Schutz nahm und das deutsche Volk zum Opfer der NS-Diktatur erklärte. Nicht nur von der Opposition, sondern auch in der Presse musste sich Dregger den Vorwurf gefallen lassen, er schädige das Ansehen der deutschen Demokratie.

Die heftigen Debatten über den Bitburg-Besuch führten zur zeitlichen Straffung der Friedhofszeremonie und der Teilnahme beider Staatsmänner an der Gedenkfeier in Bergen-Belsen.

Zur Quelle: Das Bild zeigt den amerikanischen Präsidenten Ronald Reagan, der in Begleitung des ehemaligen US-Generals Matthew Ridgway (rechte Bildhälfte) den deutschen Bundeskanzler Helmut Kohl trifft. Dieser wird begleitet von dem Ex-Wehrmachtsgeneral Johannes Steinhoff (linke Bildhälfte). Beide ehemaligen Militärs reichen sich später vor dem Mahnmal des Bitburger Soldatenfriedhofs die Hand zur Versöhnung.

Zu Aufgabe 16, S. 134

Didaktisch-methodischer Hinweis: Folgende Leitfragen können die offene Diskussion strukturieren helfen: War das Kriegsende im Jahr 1945 für die Deutschen ein Jahr des Zusammenbruchs und der Niederlage oder das Jahr der Befreiung? Welche Orte sind zum Gedächtnis an das Kriegsende besonders geeignet? Sollte dabei eher die Versöhnung zwischen ehemaligen Kriegsgegnern oder das Gedenken an die Opfer des nationalsozialistischen Terrors im Vordergrund stehen?

M 10, S. 134 f.

Zur Walser-Bubis-Debatte, 1998/99

a) *Rede Martin Walsers zur Verleihung des Friedenspreises des Deutschen Buchhandels am 11. Oktober 1998*

Zur Person: Martin Walser, geb. 1927, ist Schriftsteller, der nicht nur zahlreiche Romane, sondern auch Hörspiele und Dramen verfasst hat; mit einer Vielzahl von Essays und Reden hat er sich außerdem in die aktuellen gesellschaftspolitischen Auseinandersetzungen der Bundesrepublik Deutschland eingemischt.

Zur Quelle: Die Rede von Walser enthält folgende wesentliche Aussagen:

- Kein ernsthafter Mensch leugnet die Verbrechen der Nazis und deren Grausamkeit.
- In den Medien wie in der Öffentlichkeit der Bundesrepublik Deutschland gibt es eine Routine des Beschuldigens der Deutschen, denen ständig die NS-Verbrechen vorgehalten werden.
- Die Dauerrepräsentation deutscher Schande wirkt abstoßend und ruft Abwehrreaktionen hervor.
- Bei der Vergegenwärtigung der Nazi-Verbrechen geht es nicht mehr um Erinnerung und Gedenken, sondern um die Instrumentalisierung deutscher Schande für gegenwartspolitische Ziele.
- Die Aussage, die Deutschen seien ein ganz normales Volk, erweckt sofort Argwohn.

b) *Aus dem Zeitungsartikel der Jura-Studentin Kathi-Gesa Klafke „Also doch Erbsünde?" vom 28. Dezember 1998*

Der Text enthält folgende wesentliche Aussagen:

- Der einzige Unterschied zwischen Juden und Christen ist die Religion.

- Die Menschen sind von Natur aus alle gleich und unterscheiden sich nur durch ihre Handlungen voneinander.
- Die Menschen jüdischen Glaubens schüren mit ihren immerwährenden Hinweisen auf die Existenz antisemitischer Vorurteile selbst den Antisemitismus.
- Begriffe wie „Rassist" oder „Antisemit" dienen der Einschüchterung der nicht jüdischen Bevölkerung.
- Der Holocaust ist nicht einzigartig, sondern ein Verbrechen unter den vielen Verbrechen in der langen Geschichte der Menschheit.

Zu Aufgabe 17, S. 135

Vgl. die Erläuterung zu M 10 a.

Zu Aufgabe 18, S. 135

In einer Rede vom 9. November 1998 in der Synagoge Rykerstraße in Berlin hat Ignaz Bubis seinen Vorwurf gegen Walser erläutert. Einige Passagen aus diesem Text können für die Beantwortung der Frage herangezogen werden:

„Den neuesten Versuch, Geschichte zu verdrängen beziehungsweise die Erinnerung auszulöschen, hat Martin Walser in seiner Dankesrede anlässlich des ihm verliehenen Friedenspreises des Deutschen Buchhandels […] unternommen. […]

Und noch etwas ist bemerkenswert. Viermal spricht Walser von der Schande. Aber nicht ein einziges Mal von den Verbrechen. […]

Diese Schande war nun einmal da und wird durch das Vergessenwollen nicht verschwinden, und es ist eine ‚geistige Brandstiftung', wenn jemand darin eine Instrumentalisierung von Auschwitz für gegenwärtige Zwecke sieht. Das sind Behauptungen, wie sie üblicherweise von rechtsextremen ‚Parteiführern' kommen. Die Gesellschaft hat sich daran gewöhnt, dass solche Sätze und Behauptungen von rechtsextremer Seite kommen. Wenn allerdings jemand, der sich zur geistigen Elite der Republik zählt, so etwas behauptet, hat dieses ein ganz anderes Gewicht. […] Nur damit Herr Walser und andere in ihrem Selbstbefinden nicht gestört werden und ihren Seelenfrieden finden können und der Eindruck des Instrumentalisierens nicht entsteht, kann man nicht darauf verzichten, Filme über die Schande zu zeigen." (Frank Schirrmacher [Hg.], Die Walser-Bubis-Debatte. Eine Dokumentation, Suhrkamp, Frankfurt/Main 1999, S. 108, 109, 111)

Zu Aufgabe 19, S. 135

Didaktisch-methodischer Hinweis: Bei der Diskussion über den Text der Jura-Studentin (SB M 10 b, S. 135) sollten oder können folgende Fragen bzw. Thesen im Vordergrund stehen:

- Der Antisemitismus ist keine „Erfindung" des 20. Jahrhunderts und besitzt eine lange Tradition.
- Der Antisemitismus ist keine „Erfindung" der Juden, sondern ihrer Umwelt. Insofern stellt der Antisemitismus ein „Problem" der Nichtjuden dar, nicht aber der Juden.
- Die These, die Juden schürten mit ihrem ständigen Gerede über antisemitische Vorurteile selbst den Antisemitismus, entspringt selbst einem antisemitischen Ressentiment.
- Der Holocaust war sehr wohl einzigartig oder vielleicht besser präzedenzlos in der Geschichte. Das gilt nicht für das Leiden der Opfer von Verbrechen; in dieser Hinsicht gibt es keine Unterschiede zwischen den verschiedenartigen Völkermorden in der Geschichte. Doch lässt sich der Holocaust durchaus von anderen Genoziden abgrenzen. Nach Auffassung des Historikers Yehuda Bauer, lange Jahre Leiter der Gedenkstätte Yad Vashem, entsprang die Shoah allein abstrakten ideologischen Motiven; pragmatische, sachbezogene Überlegungen spielten keine Rolle. Ein zweiter Grund für die Präzedenzlosigkeit des Holocaust lag in seinem globalen, ja universalen Charakter. Die Juden auf der ganzen Welt sollten vernichtet werden, während die anderen Völkermorde geografisch begrenzt waren. Und drittens unterscheidet sich die Shoah durch die angestrebte Totalität von anderen Völkermorden. Die Nazis suchten nach Juden, nach allen Juden.

Zu Aufgabe 20, S. 136

Die Probleme, die sich mit dem Begriff „Wiedergutmachung" verbinden, lassen sich auf der Grundlage des Darstellungstextes (SB S. 136) so zusammenfassen:

- Der Völkermord an den Juden ist nicht „wiedergutzumachen". Allerdings können Entschädigungen für angetanes Leid und geraubtes Vermögen geleistet werden.
- Abgesehen von den Juden sind kaum andere Opfer der NS-Verfolgung von Deutschland entschädigt worden (Menschen in Osteuropa, Zwangsarbeiter).
- Die DDR hat nur die auf ihrem Territorium lebenden Opfer des NS-Regimes entschädigt.
- Die Entschädigungszahlungen der Bundesrepublik Deutschland waren verhältnismäßig gering.

Zu Aufgabe 21, S. 136

Vgl. die Ausführungen im Schülerband S. 55.

M 11, S. 137
Titelcover des Buches von
Daniel J. Goldhagen

Die Abbildung soll zur Lektüre anregen.

Notizen

Kapitel 14: Deutsche und Polen im 20. Jahrhundert – Lernen aus der Geschichte?

Hinweise zur Arbeit mit den Materialien
Siehe den Kasten im Schülerband S. 141.

M 1, S. 140
Polen seit Mitte des 16. Jahrhunderts

Die Karten lassen folgende Entwicklungen erkennen:

– Polen bzw. Polen-Litauen war in der frühen Neuzeit einer der größten Flächenstaaten Europas (bis zum Aufstieg des Großfürstentums Moskau seit Ende des 15. Jahrhunderts sogar der größte Flächenstaat). Seine Ausdehnung verdankte das Land der Heirat der polnischen Königin Hedwig mit dem litauischen Großfürsten Jagiello, die im Vertrag von Krewo (1385) gleichzeitig zu einer Personalunion überleitete. Im 18. und 19. Jahrhundert erlebte Polen eine wechselvolle Geschichte, die nicht nur zur Verkleinerung seines Staatsgebietes führte, sondern auch zur Aufteilung des Staates unter andere Großmächte, ja in den Jahren 1795–1807, 1813/15–1918 sogar zum Verschwinden des Staates. Der Grund dafür war der Aufstieg seiner Nachbarn Russland, Österreich und Preußen.

– Nach der Niederlage der Mittelmächte im Ersten Weltkrieg kam es zur Proklamation eines neuen polnischen Staates. Die Republik Polen erhielt von Deutschland den größten Teil von Posen und Westpreußen sowie das Industrierevier Ostoberschlesien. Danzig wurde als Freie Stadt mit weitreichender Autonomie der polnischen Oberherrschaft unterstellt, unterlag aber der Aufsicht des Völkerbundes.

– Durch den Hitler-Stalin-Pakt vom August 1939 wurde Polen militärisch von allen Seiten angegriffen, zuletzt auch von der Roten Armee, die das östliche Polen entlang der ursprünglichen Curzon-Linie besetzte. Das Deutsche Reich annektierte polnische Gebiete weit über die Grenze von 1914 hinaus und organisierte Restpolen als Generalgouvernement mit Sitz in Krakau.

– Die Westverschiebung Polens nach dem Zweiten Weltkrieg war das Ergebnis der alliierten Nachkriegsplanungen. Als Ausgleich für die von der Sowjetunion einbehaltenen östlichen Gebiete Polens erhielt das Land ehemals deutsche Gebiete.

M 2, S. 141
Aus dem geheimen Zusatzprotokoll zum Hitler-Stalin-Pakt, 23. August 1939
Vgl. die Erläuterung zu M 6, SB S. 98.

M 3, S. 141
Aus Heinrich Himmlers Denkschrift „Gedanken über die Behandlung der Fremdvölkischen im Osten", Mai 1940

Einer der Grundpfeiler der NS-Weltanschauung war der Rassismus, der die Höher- bzw. Minderwertigkeit unterschiedlicher „Rassen" unterstellte. Nach dieser Auffassung waren die Polen „Untermenschen", die der „germanischen Herrenrasse" zu dienen hatten. Auf der Grundlage dieses Menschenbildes ordnete Himmler 1940 an, dass den Polen nur eine Volksschulbildung bzw. ein gewisses Elementarwissen zuteil werden sollte. Gleichzeitig galt es, sie zum Gehorsam und zum Dienst für die „arische Herrenrasse" zu erziehen. Lediglich „rassisch tadellosen" Menschen wollte man eine höhere Schulbildung gewähren.

Zu Aufgabe 1, S. 141
Vgl. die Erläuterungen zu M 1 und M 2.

Zu Aufgabe 2, S. 141
Vgl. die Erläuterungen zu M 3 sowie zu M 13 (SB S. 111), M 4, S. 142.
Aus dem Erlass Heinrich Himmlers über die „Behandlung der im Reich eingesetzten Zivilarbeiter und -arbeiterinnen polnischen Volkstums" vom 3. September 1940 an die Staatspolizei(leit)stellen
Der Begriff „Sonderbehandlung" war ein Tarnbegriff der Nationalsozialisten für die physische Vernichtung einzelner Personen oder ganzer Menschengruppen. In der Praxis diente er zur Verschleierung massenmörderischen Handelns, das sich gegen Menschen richtete, die das Reich aus rassischen, politischen oder aus anderen Gründen als gefährlich erachtete. Der Text zeigt, dass das NS-Regime die polnischen Zwangsarbeiter nicht nur wie Sklaven behandelte, sondern deren Vernichtung anstrebte. Das galt in erster Linie für männliche Polen, in Ausnahmefällen auch für polnische Frauen. Als besonders verwerflich sah der NS-Staat die „Rassenschande", d. h. den Geschlechtsverkehr zwischen „rassisch Minderwertigen" und deutschen Frauen

an. Zur Ahndung dieses – nach nationalsozialistischer Vorstellung – „Verbrechens" wurden detaillierte Vorschriften erarbeitet. In ihnen schlägt sich sowohl die menschenverachtende Politik der Nazis als auch ihr Bemühen um möglichst genaue bürokratische Regelung ihrer Vernichtungspolitik nieder.

Zu Aufgabe 3, S. 142
Vgl. die Erläuterung zu M 4.

M 5, S. 142
Aus der Rede des Generalgouverneurs Hans Frank vom 25. März 1941 auf einer Sitzung der Regierung des Generalgouvernements in Krakau

Die Rede verdeutlicht, dass das NS-Regime fest entschlossen war, seinen Herrschaftsbereich nach rassenpolitischen Gesichtspunkten von Grund auf umzugestalten. Dafür waren umfassende Deportationen nötig. Zwei Aspekte dieser Quelle sind hervorzuheben:
– Das Generalgouvernement soll nicht nur von Juden, sondern auch von Polen „befreit" werden.
– Die Polen aus dem Generalgouvernement sollen als Zwangsarbeiter eingesetzt werden.

Zu Aufgabe 4, S. 143
Als Grundlage für eine Kurzbiografie eignet sich: Hermann Weiß (Hg.), Biographisches Lexikon zum Dritten Reich, Fischer Taschenbuch, Frankfurt/Main 1998. S. 126f.

Zu Aufgabe 5, S. 143
Hintergrundinformation: Die Motive für die Einrichtung des Generalgouvernements beschreibt ausführlich die Historikerin Beate Kosmala: „Im Rahmen von Himmlers An- und Umsiedlungsprogramm, der ‚Heimholung' von bis zu 1,2 Mio. Volksdeutschen aus den sowjetischen Besatzungs- und Interessengebieten, wurde das Generalgouvernement als Abschiebegebiet für Polen und Juden aus den in das Reich eingegliederten Gebieten definiert [...].
Die deutsche Besatzungspolitik [...] stand im Zeichen der Herrenrassenideologie mit der Zielvorstellung, ein polnisches ‚führerloses Arbeitsvolk' zu schaffen; dies sollte durch die Schließung aller Universitäten und höheren Schulen und die systematische Zerstörung von Kultur- und Wissenschaftsinstitutionen, Beschlagnahmung von Klöstern und die physische Vernichtung von Angehörigen der polnischen Intelligenz und des katholischen Klerus [...] realisiert werden." (Beate Kosmala, Artikel „General-

gouvernement, in: Wolfgang Benz, Hermann Graml und Hermann Weiß [Hg.], Enzyklopädie des Nationalsozialismus, dtv, Müchen [3]1998, S. 483f.)

Zu Aufgabe 6, S. 143
Vgl. die Erläuterung zu M 5.

Zu Aufgabe 7, S. 143
Didaktisch-methodischer Hinweis: Für die These, dass die deutsche Besatzungsherrschaft den Versuch darstellte, eine Nation zu vernichten, lassen sich folgende Argumente anführen:
– Polen sollte nach Auffassung des NS-Regimes nicht nur als Staat vernichtet werden. Darüber hinaus hatte sich die NS-Politik das Ziel gesetzt, die eingegliederten Ostgebiete innerhalb eines Jahrzehnts in völlig deutsch besiedeltes Land zu verwandeln.
– Das Generalgouvernement sollte gewissermaßen als Nebenland des Reichs eine Art deutscher Kolonie sein, in der die Polen ohne politisches und kulturelles Eigenleben für das nationalsozialistische Deutschland zu arbeiten hatten. Die Produktion des Generalgouvernements wurde ganz in den Dienst der deutschen Kriegswirtschaft gestellt.

M 6, S. 143
Aus dem Bericht einer deutschen Vertriebenen von 1945

Der Text enthält folgende zentrale Aussagen: Nach der Niederlage des Deutschen Reiches im Mai 1945 begann Polen nicht nur damit, sich systematisch deutschen Besitz anzueignen, sondern vertrieb auch alle Deutschen aus Polen. Außerdem plünderten die Polen deutsche Flüchtlingstrecks und sonderten arbeitsfähige Deutsche für den Arbeitseinsatz in ihrem Land aus.

Zu Aufgabe 8, S. 143
Vgl. den Darstellungstext im Schülerband, S. 138f.

Zu Aufgabe 9, S. 143
Tafelanschrieb: Ursachen für Deportationen, Flucht und Vertreibungen
Deportationen der Nationalsozialisten in Polen
– Vernichtung des polnischen Staates
– Verwandlung Westpolens in deutsches Siedlungsgebiet
– Herabstufung des Generalgouvernements zur deutschen Kolonie
– Verwirklichung der NS-Rassenpolitik und Lebensraumideologie

Flucht und Vertreibung der Deutschen aus Polen
– Rache und Vergeltung für erlittenes Unrecht
– Entschädigung für Enteignungen der deutschen Besatzung

Zu Aufgabe 10, S. 143

Auf der Grundlage der Materialien sollen die Schülerinnen und Schüler das Vorgehen der Nationalsozialisten in Polen nach 1939 konkretisieren.

M 7, S. 143
Bundeskanzler Willy Brandt vor dem Mahnmal im ehemaligen Warschauer Getto, Fotografie, 1970

Die Fotografie dokumentiert auf eindringliche Weise den im Rahmen der Entspannungspolitik der Großmächte beschrittenen Weg der deutsch-polnischen Verständigung, die mit einer großen und symbolträchtigen Versöhnungsgeste des deutschen Bundeskanzlers eingeleitet wurde: Bei seinem Besuch in Polen anlässlich der Unterzeichnung des Warschauer Vertrages ehrt Willy Brandt am Mahnmal des Warschauer Gettos die Opfer des jüdischen Aufstandes (1943) – und allgemein die Opfer des nationalsozialistischen Terrors in Polen; kniend und in demutsvoller Haltung scheint der deutsche Regierungschef gleichsam um Verzeihung zu bitten.

M 8, S. 144
Rede Willy Brandts zum Warschauer Vertrag von 1970

Die Notwendigkeit des Warschauer Vertrages erklärt sich für Willy Brandt damit, dass ein „Schlussstrich" unter die von unsagbaren Leiden geprägte Vergangenheit deutsch-polnischer Beziehungen gezogen und eine „friedliche Zukunft" beider Völker aufgebaut werden soll. Sein Appell geht vor allem an die heimatvertriebenen Mitbürger und Mitbürgerinnen, denen er versichert, dass der Vertrag keine nachträgliche Rechtfertigung ihrer Vertreibung bedeute, sondern dass es gelte, die Kette des Unrechts (Krieg, Deportation, Flucht und Vertreibung) im deutsch-polnischen Verhältnis endlich zu durchtrennen. Die Vertreibung aus der Heimat 1945 erscheint in der Argumentation Brandts als eine Konsequenz „der Verbrechen Hitlers".

Zu Aufgabe 11, S. 144

Vgl. die Erläuterungen zu M 7 und M 8.

[1] Wladyslaw Gomulka (1905–1982) war von 1956 bis 1970 Erster Sekretär der kommunistischen Partei Polens und damit deren führender Politiker.

Zu Aufgabe 12, S. 144

Als Hintergrundinformation über die Beziehungen zwischen der DDR und Polen eignet sich der folgende Text des Publizisten und Historikers Peter Bender, der auch zur Vertiefung und Ergänzung der Diskussion herangezogen werden kann:

„In der Oder-Neiße-Frage erlaubten weder Warschau noch Moskau einen Kompromiss oder auch nur eine Vertagung; die Ost-Berliner Regierung musste, schon ein halbes Jahr nach Gründung ihres Staates, die Grenze unwiderruflich anerkennen. Für das überaus schwierige Verhältnis zu Polen fehlte eine europäische Brücke: der gemeinsame Nenner für Warschau und Berlin war – und blieb – Moskau. [...] Unter den regierenden deutschen Kommunisten fand sich niemals jemand, dem die Versöhnung mit Polen Herzenssache gewesen oder geworden wäre. [...] Schon 1948 wurde auch eine Gesellschaft für deutsch-polnische Beziehungen gegründet, aber schon vier Jahre später löste sie sich in einer größeren Organisation auf, die den Beziehungen zu allen Oststaaten gewidmet war. Polen erschien der Ost-Berliner Führung keiner besonderen Anstrengung mehr wert. Das Gefühl einer moralischen Verpflichtung fehlte.
Zwischen der DDR und Polen entstand das gleiche Vakuum wie innerhalb der DDR: Über das Wichtigste wurde nicht gesprochen. Schuld, Verantwortung, Wiedergutmachung – was zwischen Westdeutschen und Polen später zu den entscheidenden Fragen wurde, war für die SED kein Thema und wurde es deshalb für die große Mehrzahl der DDR-Bürger auch nicht. Die Funktionäre verkehrten in Polen mit Funktionärsgenossen und die Normalbürger mit Leidensgenossen – wo blieb da Raum für Gedanken an die Wunden, die Deutsche den Polen geschlagen hatten? Man sagte brav „Wroclaw" und nicht „Breslau", aber der Ausdruck „Polacken" war auch in höheren Parteikreisen nicht unbekannt; und die Polenwitze, die nach der polnischen Einkaufsinvasion 1972 durch die ganze DDR gingen, zeugten vom Fehlen jeglichen Gefühls dafür, dass es Wörter, Gesten und Verhaltensformen gab, die auch die Enkel der Okkupanten von 1939 noch zu meiden hatten. [...]
Zwischen Warschau und Ost-Berlin ging es allezeit kühl, zuweilen frostig zu, nur die Not brachte beide gelegentlich zusammen. Im Sommer 1968 war es die Angst vor dem „Prager Frühling"; Ulbricht und Gomulka[1] drängten darauf, dass der Warschauer Pakt die Tschechoslowakei besetzte und der Reformbewegung ein schnelles Ende bereitete. Die andere

Not verursachte Bonn mit seiner Weigerung, die DDR und die Oder-Neiße-Grenze anzuerkennen. Ost-Berlin und Warschau schlossen sich zusammen, um gemeinsam beides durchzusetzen, aber es war nur ein Zweckbündnis auf Zeit, das Gomulka – nicht gerade sozialistisch, aber treffend – als Gebot der „Staatsräson" bezeichnete. Ulbricht übernahm das Wort.

Beide Seiten glaubten sich, je länger sie miteinander zu tun hatten, in ihren Vorurteilen bestätigt: Die Deutschen doktrinär und besserwisserisch, die Polen provozierend gleichgültig in den Fragen der Ideologie; die Deutschen effizient sogar in der Planwirtschaft, die Polen erfolgreich nur in der Umgehung der Planwirtschaft; die Deutschen staatstreu von Natur und die Polen aus Instinkt gegen alles, was von oben kommt; die Deutschen punktgenau und die Polen großzügig-lax; die Deutschen diszipliniert, die Polen liberal; die Deutschen arrogant und die Polen extravagant; die Deutschen konzentriert auf die Gegenwart, die Polen denkend und lebend aus der Geschichte – vor allem der Teilungen und Aufstände. Bei einiger Anstrengung hätten die Gegensätze fruchtbar werden können, doch da die Anstrengung ausblieb, blieben nur die Gegensätze.

Je mehr die vermeintliche Gefahr aus dem Westen nachließ, desto mehr behinderten Polen und DDR einander. Polen fühlte sich durch die ostdeutsche Republik vom Westen abgeriegelt, die DDR fühlte sich durch Polen von der Schutzmacht Sowjetunion abgeriegelt, sie sah sich eingeklemmt zwischen der gefährlichen Bundesrepublik und dem unzuverlässigen Polen. Fünfmal brachen dort seit dem Oktober 1956 Unruhen aus, dreimal wurde dabei die Führung gestürzt. Die Gewerkschaft Solidarność brachte sogar die ganze Parteiherrschaft fast zum Erliegen; aber auch das folgende „Kriegsrecht" konnte die Sorgen der SED nur wenige Jahre beruhigen; dann begannen Warschauer Spitzenpolitiker selbst, den stalinistischen Staat zu demontieren. [...]

Polen wurde für Ost-Berlin zum Bild dessen, was es in der DDR nicht geben durfte. [...] die Ostdeutschen konnten in den achtziger Jahren ihr Nachbarland Polen nur noch mit Schwierigkeiten besuchen. [...] für die DDR gab es keine europäische Heimat im Osten, sondern nur die Abhängigkeit von einer Weltmacht.

(Peter Bender, Episode oder Epoche? Zur Geschichte des geteilten Deutschland, dtv, München 1996, S. 238–245)

Zu Aufgabe 13, S. 144
Vgl. die Erläuterung zu M 8.

M 9, S. 144
Die DDR und Polen
Der Text enthält folgende Grundaussagen:
– Auf sowjetischen Druck hin haben die DDR und Polen die Oder-Neiße-Grenze anerkannt.
– Es gab keinen lebendigen Austausch zwischen den Bürgern der DDR und Polens.
– Die DDR-Führung schottete ihre Bevölkerung gegenüber Polen ab, weil sie ein Übergreifen politischer Unruhen befürchtete und die DDR-Bevölkerung verunsichert auf polnische Einkäufer reagierte.

Zu Aufgabe 14, S. 144
Vgl. die Erläuterung zu M 9 und zu Aufgabe 12, SB S. 144.

Zu Aufgabe 15, S. 144
Vgl. die Erläuterungen zu M 7 und M 8.

M 10, S. 144
Aus dem deutsch-polnischen Vertrag vom 11. November 1990
Der deutsch-polnische Vertrag vom 11. November 1990 bezieht sich auf den Zweiten Weltkrieg und „den von zahlreichen Deutschen und Polen erlittenen Verlust ihrer Heimat durch Vertreibung und Aussiedlung", also indirekt auf die territorialen Veränderungen von 1945: polnische Westverschiebung und Verlust ehemals deutscher Gebiete an Polen, der schon mit der im Warschauer Vertrag von 1970 anerkannten Unverletzlichkeit der deutsch-polnischen Grenzen bestätigt wurde. Nach der Wiederherstellung der staatlichen Einheit erkennt Deutschland im Vertrag von 1990 die Unantastbarkeit der Grenzen erneut an, damit auch die Endgültigkeit der Oder-Neiße-Linie als deutsche Ostgrenze. Der Vertragstext greift die – schon in Willy Brandts Ansprache zum Ausdruck kommende – Versöhnungsabsicht des Warschauer Vertrags auf, wobei 1990 insbesondere auch die europäische Einbettung des deutsch-polnischen Verständigungsprozesses hervorgehoben wird.

M 11, S. 145
Bundespräsident Johannes Rau und der polnische Präsident Aleksander Kwasniewski vor dem polnischen Denkmal auf der Westerplatte bei Gdansk am 1. September 1999, Fotografie

Das Foto illustriert die Aussöhnungsbemühungen zwischen Deutschen und Polen an einem symbolträchtigen Ort, der im Text zu M 11 erläutert wird.

Zu Aufgabe 16, S. 145
Vgl. die Erläuterung zu M 10.

Zu Aufgabe 17, S. 145
Vgl. die Erläuterung zu M 10 und M 8.

Zu Aufgabe 18, S. 145
Skizze zu Stationen und Entwicklungen des Streits um die polnische Westgrenze (siehe unten)

Zu Aufgabe 19, S. 145
Didaktisch-methodischer Hinweis: Gewiss wird man die Feststellung treffen können, dass die Beziehungen zwischen Polen und Deutschland heute so gut sind wie nie in den vergangenen 200 Jahren. Sie waren auch noch nie so intensiv wie nach 1989/90. Sowohl die politische Elite Polens als auch ein Jahr für Jahr steigender Prozentsatz von polnischen Bürgern sieht Deutschland als seinen wichtigsten wirtschaftlichen und politischen Partner an.

Auch die bundesrepublikanischen Eliten suchen den engen Kontakt zum östlichen Nachbarn. Und eine zunehmende Zahl von Bundesbürgern verbringt ihren Urlaub in Polen und fördert damit den Erfahrungsaustausch zwischen beiden Ländern. Doch sollte in der Diskussion auch darauf hingewiesen werden, dass ein Schlüssel für die langfristige Festigung der polnisch-deutschen Beziehungen in der Überwindung von Vorurteilen und gegenseitiger Unkenntnis in der jungen Generation der beiden Länder liegt. Zu diesem Zweck wurde z. B. ein deutsch-polnisches Jugendwerk eingerichtet. In diesem Zusammenhang ist im Unterricht die Frage aufzuwerfen nach konkreten Kontakten zwischen deutschen und polnischen Schülern und Schülerinnen. Und es sollte – vielleicht nach einer Umfrage in der Klasse oder an der Schule – nach dem Wissen und weiterbestehenden Vorurteilen über Polen gesprochen werden.

Skizze zu Stationen und Entwicklungen des Streits um die polnische Westgrenze

Juli 1950	Görlitzer Vertrag: Die DDR erkennt die polnische Westgrenze an.
1966–69	Während der Großen Koalition in Bonn verlangt Polen die Anerkennung der Oder-Neiße-Linie als Bedingung für eine Verständigung zwischen beiden Staaten.
August 1970	Moskauer Vertrag: Die Bundesrepublik Deutschland erklärt, keine Gebietsansprüche zu haben.
Dezember 1970	Warschauer Vertrag: Anerkennung der Oder-Neiße-Grenze; Brandts Kniefall in Warschau dokumentiert den deutschen Versöhnungswillen gegenüber Polen.
November 1990	Im deutsch-polnischen Vertrag erkennen Polen und Deutsche endgültig die Oder-Neiße-Grenze an.

Notizen

Zur Wiederholung:
Der Nationalsozialismus und die deutsche Geschichte

M 1, S. 147
**Amerikanische Karikatur aus der
Zeitschrift „The Nation", Februar 1936**

Die Karikatur beleuchtet unterschiedliche Aspekte der NS-Herrschaft:

Führerkult: Hitler steht auf einem Podium und hält eine aufpeitschende Rede an ein imaginäres, nicht sichtbares Volk. Dass er der „Führer" ist, wird nicht nur an seiner erhöhten Platzierung auf dem Podium und an dem großen Abstand zu den am Podium vorbeimarschierenden NS-Organisationen sichtbar. Auch die NS-Größen stellen sich gehorsam hinter Hitler auf und hören bis auf Reichspropagandaminister Goebbels, der in einem Manuskript liest, konzentriert der Rede Hitlers zu. Auf diese Weise verdeutlicht die Karikatur, dass nach der NS-Ideologie der „Führer" allein den „Volkswillen" formuliert und sich jeder Einzelne diesem Führerwillen unterzuordnen habe. Doch auch die NS-Größen hinter Hitler versuchen durch ihre geschmückten Uniformen und ihre stramme Haltung Autorität zu demonstrieren. Jeder von ihnen war in seinem eigenen Bereich ebenfalls eine Führungspersönlichkeit, die unbedingten Gehorsam verlangte.

Propaganda: Ein zentrales Element der NS-Propaganda waren große Aufmärsche vor dem „Führer" und den NS-Repräsentanten. Auf diese Weise sollte das Gefühl einer verschworenen Schicksalsgemeinschaft zwischen Volk und NS-Führung, aber auch Kraft und Gewalt demonstriert werden. Auch diese Inszenierung wird in der Karikatur deutlich. Auch andere Mittel der NS-Propaganda wie die einfache Sprache, die Orientierung am Erfolg und das Ansprechen des Gefühls werden sichtbar: Am oberen rechten Bildrand ist eine Standarte mit der Aufschrift „Erwachet" zu erkennen, die den Beginn einer neuen Zeit ankündigt.

Gewalt und Terror: Unter dem Podest, fest im Keller eingemauert, sind die „Leichen" des NS-Regimes abgebildet. Zu den ermordeten Opfern des NS-Staates zählt der Karikaturist: Religionsfreiheit, Freiheit der Lehre, Gewerkschaften, Interessenverbände, oppositionelle Parteien, Frauenemanzipation, Pressefreiheit und die Unabhängigkeit der Justiz.

Hochschätzung des Militärischen und Kriegerischen: Vor dem Podest mit Hitler und den NS-Größen stehen Soldaten mit aufgepflanztem Bajonett in Reih und Glied. Zwar schirmen sie einerseits die NS-Führung vom Volk ab; andererseits signalisieren sie nach außen Wehr- und Kampfbereitschaft. Das Militär ist jedenfalls ein wichtiges, wenn nicht das wichtigste Instrument des Nationalsozialismus.

Notizen